로마에서 산티아고
3,018km 순례길

세상에서
땅끝으로

산티아고 순례길은
노란 화살표, 노란 가리비를 따라간다.
그 끝에는 산티아고 데 콤포스텔라와
피니스테레(땅끝)로 연결된다.

여러 가지의 길들이 한곳을 향해 있는
가리비의 모양에서 착안하여
지금까지 순례길의 상징으로 여겨지고 있다.

 **목차**

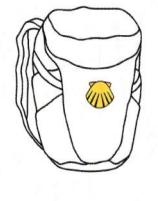

순례길 준비
순례길을 떠난 이유 ·································· 08
순례길의 기본 지식 ······························· 10
순례길 팁 ··· 12
로마에서의 첫 날 ································· 14
순례자 가방 정보 ·································· 16
순례자의 지도 ······································· 26

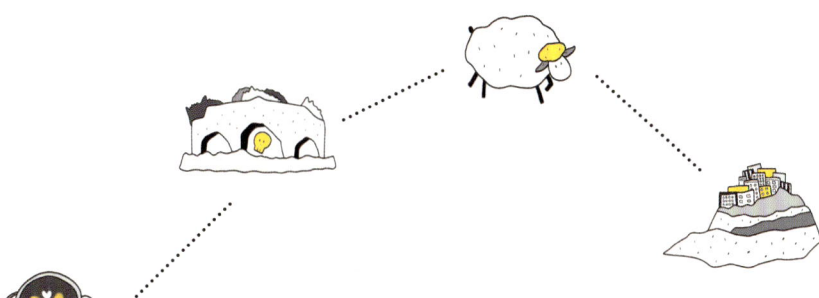

이탈리아

1. 교회된 자: 훈련의 시작 …………………………… 32
2. 살리는 일인가? 죽이는 일인가? ………………… 36
3. 비싼 향유: 나의 모든 것은 다 주님의 것 ……… 42
4. 사랑이 담긴 태도 …………………………………… 46
5. 사랑 라떼 한잔 가득 ……………………………… 50
6. 카타콤: 증인된 자의 삶 …………………………… 58
7. 나봇의 포도원 ……………………………………… 64
8. 잃은 양을 찾다 ……………………………………… 70
9. 르네상스: 사람의 영광 …………………………… 76
10. 전통이 주는 유익 ………………………………… 84
11. 친퀘 테레: 절벽 위, 다섯 송이 꽃이 피다 …… 88
12. 산길과 도로길 그 사이 …………………………… 96
13. 참 소망의 노래: 히브리 노예들의 합창 ……… 104
14. 제자 양육: 함께 자라는 시간 …………………… 108
15. 여행의 꽃: 선한 사마리아인 …………………… 114

프랑스

16. 마땅한 기쁨 ·· 128
17. 표적: 하나님과 이야기를 쌓아가는 시간 ······································ 130
18. 인내 또한, 내가 하는 것이 아니었다 ·· 134
19. 폴 세잔: 눈을 뜨다 ·· 140
20. 내가 자랑할 것은: 단 하나 ·· 144
21. 고흐: 그림에 생명을 불어넣다 ··· 150
22. 형체 없는 두려움 ·· 156
23. 순례자란: 비움의 정석 ·· 158
24. 새로운 무드가 생기다 ··· 162
25. 교회와 교회가 이어져 길이 되었네 ··· 166
26. 물길 ··· 172
27. 도시와 마을의 역할 ··· 174
28. 오병이어 ·· 180
29. 판단: 구약과 신약 사이 ··· 184

스페인

30. 사도행전 2장: 건강한 공동체란? ……… 198
31. 카나리아 제도: 화산이 가져온 유익 ……… 202
32. 말씀과 기도: 균형 잡힌 삶 ……… 208
33. 완전하지 않은 평화: 이곳에 머물게 해주세요 ……… 214
34. 알타미라 동굴: 인류의 태고적 옹알이 ……… 218
35. 가우디 그리고 하우스 ……… 224
36. 북쪽길의 아버지: 해방신학을 만나다 ……… 230
37. 도네이션 ……… 236
38. 걸어온 좌표: 살아있는 복음 ……… 240
39. 본이 되어라 ……… 246
40. 동행의 기쁨: 장기 순례의 은혜 ……… 250
41. 희생 제물 ……… 254

에필로그

존 번연: 일상의 순례 (영국) ……… 256
산티아고 순례길을 꼭 가야만 할까요? (포르투갈) ……… 266

🐚 순례길을 떠난 이유

　우선, 이름 없는 자이기에 내 소개로 시작을 하면 어떨까 싶다. 2021년, 한국 나이 35살의 풀타임 학생이자 백수, 포장을 좀 하면 프리랜서 작가 정도 될지는 모르겠다. 버는 족족 쓰기 바빠, 저축해 놓은 돈까지 없는 싱글 백수이다. 부모님의 아낌없는 지원과, 학교들과 기관들의 배려, 그리고 하나님의 은혜로 아직 내 이름 앞으로 빚이 없는 게 가히 기적이라 할 만하다. 한국과 프랑스 그리고 미국에서, 대학교와 대학원을 여섯 군데나 다니며 지금까지 9년을 넘게 학업을 쌓았지만, 놀랍게도 졸업장은 아직 하나뿐이다. 74개국의 나라를 여행하고 세 번째 여행 에세이 작업을 하지만, 여전히 난 무명의 작가이다. 마지막으로 신학생으로 3여 년간 살며 운동 한 번 제대로 안한 약골이 로마에서 피니스테라까지 도보로 완주한 것은 여전히 내게 놀라운 사실 중 하나이다.

　'세상에서 땅끝으로'는 2019년에 여행한 산티아고 순례길 위의 여행기이다. 하지만, 책 안은 순례길 속 이야기보다는 저자의 자서전적인 이야기로 더 풍성히 채워져 있다. 사진으로 일당 월수입을 벌다, 월급이 이전 일의 시급도 안되는 목회자 후보생의 길을 걷는 자로서 가지는 의문들과 고민을 책 안에 녹여 담아냈다. 임팩트가 있는 놀라운 거듭남의 경험과 북한 선교라는 선명한 비전이 약이 아닌 독이 되어 갈 때쯤, 6년 만에 순례길을 다시 걷게 되었다.

　산티아고 순례길에 큰 의미를 두기보다는, 그저 걷는 맛이 있는 기다란 길이 필요했다. 산악인들이나 전문 하이커들만이 찾는 길이 아니라, 아이들과 노인들도 쉽게 접할 수 있는 길로 선택지를 좁히다 보니 산티아고 순례길로 이정표가 정해져 버렸다. 게다가 쉥겐 국가 90일 무비자 기간을 맞추다 보니 로마에서 출발하여 산티아고에 도착하는 일정으로 최종 조율되었다.

이 책에는 사진작가이자 여행작가가 길 위에서 말씀을 전하는 자로서 사는 삶은 무엇인가에 대한 고민이 담겨있다. 30살, 사랑했던 직업과 사랑했던 사람들을 모두 뒤로하고 사랑 그 자체를 쫓아 신학을 배우러 시카고행 비행기에 올랐다. 큰 덩어리들을 내려놓았다고, 내 안의 모든 것들을 부인한 거룩한 그리스도인이라 생각했던 내 안에서 악취를 풍기는 오만과 마주했다. 또한 칼빈 선생님의 기독교 강요에 푹 빠져 있었지만, 개혁신앙에 대한 부족한 이해와 사랑 없는 태도를 보였던 여물지 못한 한 신앙인이었음을 고백한다. 다른 색을 가진 신앙관들을 무턱대고 난도질하기에 바빴던 시간을 보냈던 사람이 바로 나였기 때문이다. 다시 말해, 순례길을 떠나기 전의 나의 삶은 아집과 고집이 만들어낸 똥물 끼얹은 환장의 콜라보에 젖은 삶이었다. 사랑 없는 무턱댄 난도질이 교회 안 정의구현이라 믿었던 삶이었다.

제한된 지식과 경험으로 내 머릿속에 잘못 각인되어 있던 '선교사의 역할'과 '북한의 정의'에 대해 순례길 위에서 묵상하며 우상적인 생각들을 떼어내고 또 떼어내기를 반복한다. '세상에서 땅끝으로'에는 41개 다른 모습의 우상(Idol)들의 이야기이자, 하나님의 은혜에 관한 이야기가 새겨져 있다. 로마는 우리가 살고 있는 세상이고, 땅끝은 우리가 나아가야 할 방향이자 목적지이다. 본 책의 저자는 로마에서 순례길을 시작하였지만, 모든 독자 각자의 자리가 진짜 순례길의 출발점이 되어야 할 줄로 믿는다.

 순례길의 기본 지식

산티아고

먼저 산티아고는 스페인어로 성스러움을 의미하는 산토 (Santo)와 야보고의 스페인식 이름 라고(Iago)가 합쳐진 단어이다. 다시 말해, 산티아고의 본뜻은 성 야고보와 같다.

까미노 데 산티아고

까미노(Camino)는 스페인어로 길이라는 뜻이다. 그리고 데(de)는 전치사로 from이나 of의 의미로 주로 쓰인다. 의역하면 to의 의미로 사용할 수 있다. 다시 말해, 까미노 데 산티아고는 산티아고로 향하는 길이라는 뜻이다.

산티아고 데 콤포스텔라

산티아고 데 콤포스텔라는 스페인의 북동쪽, 갈라시아 지방에 있는 도시이자 성당 이름이다. 성 야고보의 유해가 안치되어 있다고 전해진다. 콤포스텔라(Compostela/Campo & Stella)는 라틴어, Campus Stellae 에서 나왔다는 의견이 많다. 뜻은 '별의 들판' 으로 해석할 수 있다. 또 다른 견해로는 라틴어, Compositum 에서 파생되었다는 의견이다. 뜻은 '매장지' 로 통용된다.

야고보

신약에 나오는 야고보는 크게 3명으로 나눌 수 있다. 12사도의 한 사람인 사도 요한의 형, 12사도의 한사람인 알패오의 아들, 그리고 예수님의 형제이다. 이들 중에서 산티아고 순례길의 주인공은 바로 사도 요한의 형, 야고보다. 그는 부유한 제베대오 집안의 장남이었다. 사도들 중에서도, 베드로와 요한과 함께 예수님으로부터 사랑을 많이 받은 제자로 알려져 있다. 이베리아반도(오늘날 스페인과 포르투갈 지역)에서 복음을 전하고 예루살렘에 돌아와 AD 44년 헤롯 아그리파 1세에 의해 가장 먼저 순교한 사람이다 (사도행전 12:2).

순례길의 시작

산티아고 데 콤포스텔라는 교황 알렉산더 3세에 의해 1189년에 로마와 예루살렘과 함께 교황청을 통해 3대 기독교 성지로 인정받게 된다. 또한 교황의 칙령에 따라, 순례길을 걷는 자들에게 면죄부를 발행해 주었다. 이때부터, 면죄부는 헌금, 기부를 통한 벌에 대한 감면 혜택뿐만 아니라 순례 증서라는 새로운 형태로 나타났다. 또한 성인이라고 칭하는 야고보의 유골이 묻혀 있다는 전설과 성인이 활동했던 지역을 걸음으로 영적 체험을 하고자 하는 이들로 북새통을 이뤘지만, 1993년 유네스코 세계문화유산 선정과 함께 개인적인 동기로 찾는 사람들의 발길이 꾸준히 이어지고 있는 길이다.

🐚 순례길 팁

숙소

프란치제나 길 (수도원 위주로 이용) / 공식 앱 유익*

돌라 코스타 길 (에어비앤비, 호텔 종종 이용) / 공식 웹사이트 유익*

오렐리아 길 (에어비앤비, 호텔 종종 이용) / 공식 숙소 리스트 유익*

톨로사나 길 (공립/사립 알베르게 이용) / 공식 숙소 리스트 유익*

GR 10 (공립/사립 알베르게 이용) / 공식 숙소 리스트 유익*

북쪽 길 (공립/사립 알베르게 이용)

프리미티보 길 (공립/사립 알베르게 이용)

프랑스 길 (호텔 이용) / 산티아고 숙소는 예약 필수*

피니스테라 길 (사립 알베르게 이용)

*알베르게란? 순례자 크리덴셜을 소지한 자들이 이용하는 숙소이다.

음식

이탈리아에서 일일 젤라토와 커피는 오아시스와도 같다. 이탈리아, 프랑스, 스페인 3개국 중 디저트류는 이탈리아에서 가성비가 가장 돋보였다. 프랑스에서 작은 마을을 지날 때면, 구글로 마을 빵집과 마켓, 그리고 레스토랑의 이용 시간을 반드시 확인하자! (점심시간 이후에 닫히는 시설들이 종종 있다.) 그리고 프랑스 음식과 디저트는 이탈리아와 스페인에 비해 비싸지만 맛은 확실하다. 창의적인 레시피가 돋보인다. 스페인의 북쪽 길과 프리미티보 길은 비교적 인프라가 잘 구축되어 있으니 덜 걱정해도 좋다. 필자는 가방에 삶은 달걀과 생오이, 그리고 견과류를 항상 가지고 다녔다. 특히, 프랑스는 작은 마을이 많고 마을과 마을 사이에 편의 시설이 없기 때문에 비상식량을 준비하는 습관이 필요하다.

의류 및 신발

1,000km 구간당 신발을 갈아주는 게 베스트지만, 필자는 로마에서 출발한 지 52일째 툴루즈(대략 1,700km 지점) 도착, 그리고 그곳에 있는 데카르톤 매장에서 기능성 상의와 양말 그리고 신발 모두를 교체하였다. 데카르톤 매장에서 구비할 수 있는 신발 중 가장 편한 것으로 구매하였다. 신발과 기능성 의류들은 체력과 안전에 직결된다.

거점 지역

로마, 사자나, 망통, 아흘, 오로롱, 생장, 오비에도, 그리고 산티아고
(*주의하여 다음 여정 상세한 정보 수집 필요로 함)

심 카드(SIM)

한국, 이탈리아, 프랑스 심 카드구매 경험에 기초하여 세 국가의 심 카드에 큰 차이를 못 느꼈다. 하지만, 심 카드의 가격에는 차이가 있었는데 비싼 순으로 나열하면, '프랑스 > 한국 > 이탈리아' 순이다. 현지 예약전화 및 앱을 수시로 확인하여야 하므로 심 카드는 반드시 필요하다. 특히 이탈리아와 프랑스 구간은 필수 중에 필수이다.

 로마에서의 첫 날

로마 알베르게

Indirizzzo - Address

Spedale della Provvidenza di San Giacomo e San Benedetto Labre

C/O Suore Missionarie Francescane del Cuore Immacolato di Maria

Via dei Genovesi 11B - 00153 Roma

Tel. (+39) 327.23.19.312

OPEN: 15:00 / 3시 이후에 문을 연다

알베르게 특징

저녁과 아침 그리고 크리덴샬 구입비 모두 기부제로 운영된다. (2019년 기준) 수많은 봉사자분들이 있기에 양질의 음식들과 서비스를 경험할 수 있다. 로마는 비아 프란치제나의 종착역에 해당하는 곳이기에 대부분의 순례자들은 이곳에서 순례 여정을 마치게 된다. 반대로, 로마에서 출발하게 되는 순례자들은 저녁이나 아침을 함께 하는 다른 순례자들을 통해 순례길 최신 정보들을 들을 기회들을 쉽게 누릴 수 있다. 또한, 로마 알베르게는 이탈리아 여정에서 수도원 관련 건물에서 세족식을 진행하는 몇 안 되는 알베르게 중 하나다. 세족식은 저녁 시간 전에 이루어진다. 참여는 자유지만 이색적이기에 대부분의 순례자가 참여하는 편이다.

오기 전 준비사항

순례자 여권 발급 신청서를 미리 작성해와야 한다.
국외에서 출발하시는 분은 http://www.pellegriniaroma.org
프린트 후 로마 알베르게에서 크리덴셜을 발급받을 수 있다. 로마에서 출발할 때, 크리덴셜의 여유분을 확보해 놓으면 좋다(필자는 로마에서 3개의 크리덴셜을 구매하여 87일간의 전체일정을 모두 커버하였다).

국내에서 출발하시는 분은 caminocorea.org/?page_id=4398
사이트를 이용하여 크리덴셜을 구입해 오는 것도 하나의 방법이다.

일찍 길을 먼저 나서겠다고 하니 알베르게 봉사자분들께서
특별히 한 순례자를 위한 이른 아침 서비스를 제공해 주셨다. Diary 19/05/18

순례자 가방 정보

28L Rey co-op 가방

니콘 z7 / z lense 24-70

아이패드 프로 11인치

아이폰 x

무선 외장하드 (WD MY passport)

에어팟

반바지

긴바지

기능성 속옷(3)

두꺼운 양말(2)

쪼리

선크림(50ml)

물(750ml)

반팔 기능성 티셔츠(2)

지갑(여유있는 현금)

여권

얇은 바람막이

우의

모자

사계절용 침낭 450g

손톱깍이

휴대용 성경책

무게: 8kg

십자가의 도가
멸망하는 자들에게는
미련한 것이요

구원을 받는 우리에게는
하나님의 능력이라
(고전 1:18)

로마에서
땅끝으로
어둠에서
빛속으로
3018km
87days

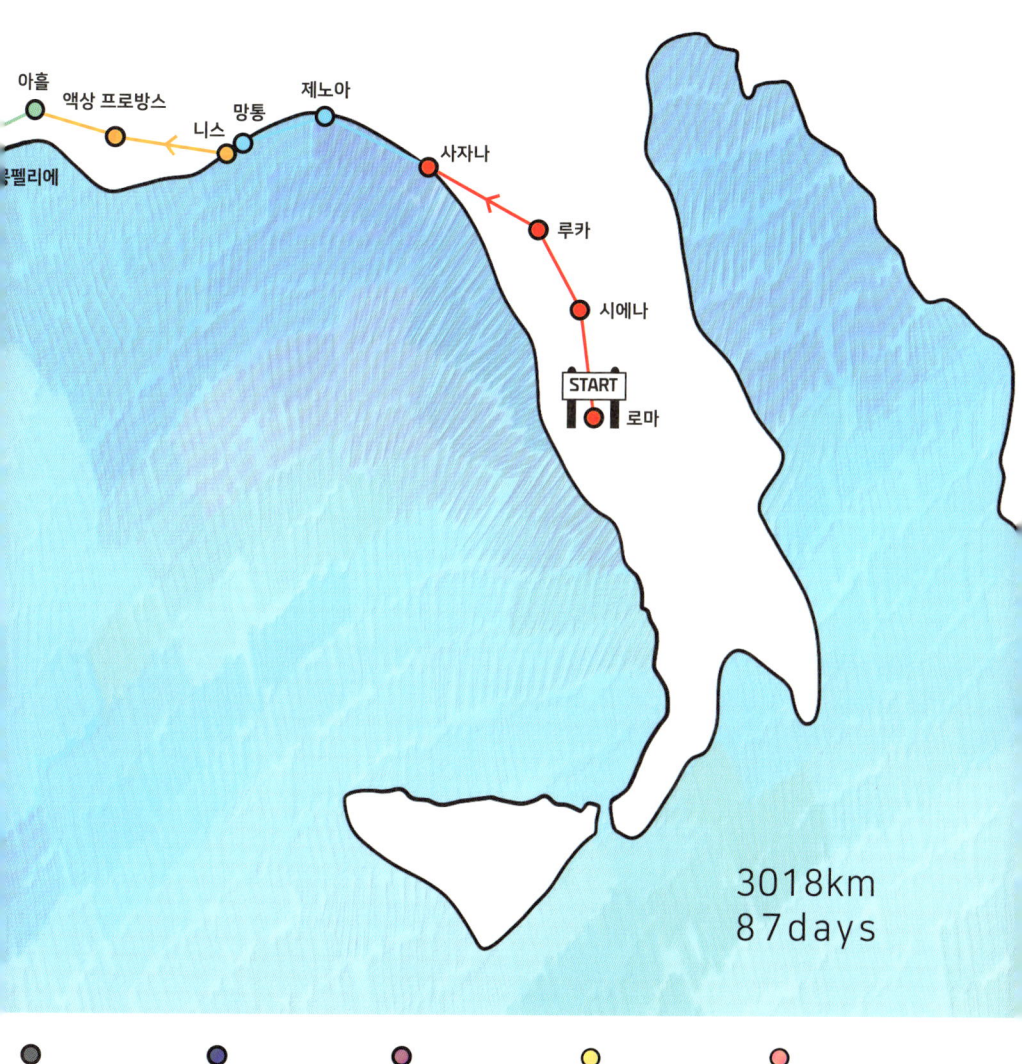

●	●	●	●	●
최상	중	상	하	중
산	산, 숲	산	숲	산, 바다
매우 필요	필요	불필요	필요	필요
체력	말파리	산 넘어 산	예약 전쟁	길의 끝
찾지 못함	적당	적당	다수	다수

ITALY

루카의 한 알베르게에서 비공식적으로
첫 한국인 순례자가 되었다.
Diary 19/06/02

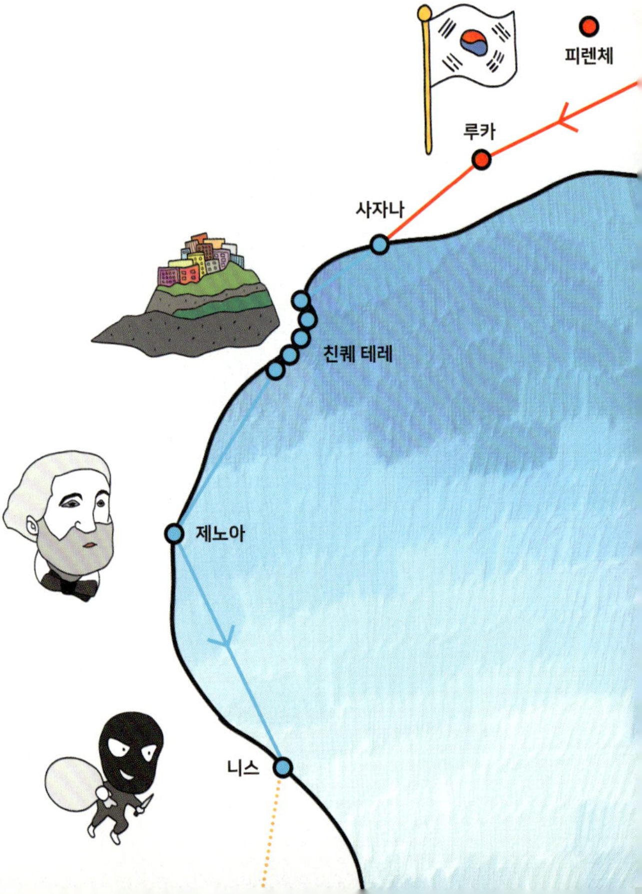

피렌체

루카

사자나

친퀘 테레

제노아

니스

- 프란치제나 길
- 델라 코스타 길

수트리   로마

2019년 5월 19일 - 로마에서 출발
2019년 5월 21일 - 수트리 도착
2019년 5월 29일 - 시에나에서 출발
2019년 6월 2일 - 루카 도착
2019년 6월 6일 - 친퀘 테레 도착
2019년 6월 11일 - 제노아 통과
2019년 6월 16일 - 이탈리아 국경 통과 후
　　　　　　　　　니스 도착

순례길 첫날, 마리오 산(Monte Mario) 언덕에서 바라 본 성 베드로 성당

 # 교회된 자: 훈련의 시작

여호와께서 믿음의 조상 아브라함에게 말씀하셨다. "너는 너의 고향과 친척과 아버지의 집을 떠나 내가 네게 보여 줄 땅으로 가라 (창 12:1)." 무엇으로부터 떠나라는 말씀이고, 어디로 떠나라는 말씀인가? 더 나아가 하나님께서는 말씀하시는 곳으로 떠나는 이에게 복을 주실 거고, 복 그 자체가 될 거라는 영원한 약속을 하셨다 (창 12:2-3). 하나님은 그의 크신 은혜로 하나님과의 관계가 단절된 죄인이 된 우리를 교회라는 이름으로 불러 주셨다. 그리고 부르신 땅에서 교회의 역할을 담당할 능력 또한 주셨다. 사람들은 오늘도 여러 곳에서 다양한 모습으로 살아간다. 가정에서. 직장에서. 학교에서. 학생으로. 선생님으로. 사장으로. 직원으로. 아버지로. 어머니로. 아들로. 딸로. 교회된 자에게 주님이 이미 주신 복이란 무엇일까? 더 나아가, 주님과 연합된 자로서 '거룩'을 어떻게 해석하고 드러낼 수 있는가?

'세상에서 땅끝으로'는 한 나그네의 성장 이야기이다. 죄를 상징하는 세상에서 나와, 땅끝으로 가는 여행일지이기도 하다. 한 나그네가 성 베드로 성당 앞에 서 있다. 바로 이번 순례길 여행의 출발점이다.

바티칸에 있는 성 베드로 대성당은 AD 349년, 콘스탄티누스 황제에 의해 세워지고, 서로마제국과 비잔틴제국이 395년에 나눠지고 나서, 396년 실베스트로 교황에 의해 대성전으로 축성되었다. 성 베드로 대성당은 비잔틴제국의 상징이었고, 그리스도를 따른다고 고백하는 자들이 지어 올린 건물 중 가장 화려하다. 다른 말로, 인간의 욕심이 만든 허상이자 힘없고 약한 사람들의 피와 땀으로 지어진 예배당이다. 이러한 부패와 죄들이 천년의 세월을 눈덩이처럼 구르고 굴러 커져 버렸다. 때는 1517년 마틴 루터의 95개조 반박문을 필두로, 츠빙글리, 장

칼뱅 등 수많은 종교개혁자들을 통해 교회 개혁이 본격적으로 시작된다.

커다란 대형 십자가가 가려졌고, 예배당 건물 가득 새겨진 무분별한 조각상들이 사라졌고, 아름다운 스테인글라스들이 부서지고 신비로운 파이프 오르간 소리가 감추어졌다. 마지막으로 인간 부패의 상징인 면죄부 또한 폐지되었다. 오직 하나님의 말씀만 선포되는 변화가 진행 되었다. 어떤 결정적 한 방으로, 교회가 깨끗해지고, 정화된 것이 아니다. 단순히 마틴 루터 때문에 종교개혁이 이루어진 것은 더더욱 아니다. 그 이전엔 프랑스의 왈도파가 있었고, 영국의 위클리프와 체코의 얀 후스, 유대주의와 헬레니즘과 맞서 싸운 초대교회 성도들 그리고 예수님 시대에는 사두개파와 바리새인들과 평생을 싸운 경건의 삶의 상징, 에세네파의 세례 요한이 있었다.

그리스도인의 삶은 아담이 죄를 범해 타락한 이후부터, '죄와의 전쟁'으로부터 해방된 적은 단 한 순간도 없었다. 십자가 사건 전뿐만 아니라 십자가 사건 이후에도 여전히 그랬다. 십자가 사건 전후로 달라진 건 싸움의 승리자가 누구인지 분명히 알게 된 점, 지금 전쟁 중이다는 사실을 인식하게 된 것, 우리 안에는 전쟁에서 싸워 이길 어떠한 능력도 없음을 알게 된 것, 그리고 오직 믿음으로 승리할 수 있다는 사실을 깨닫게 된 것이다.

예수께서 대답하여 이르시되
너희가 이 성전을 헐라
내가 사흘 동안에 일으키리라
(요한복음 2:19)

로마의 만신전, 판테온은 우상숭배의 본산이자 대표적인 신전 건축물로서 자기중심적인 죄인의 마음을 보여주기에 안성맞춤이다. 마치 내 마음과도 같구나. 주님이 비춰주신 나의 진짜 모습은 죄인 중 괴수가 아니던가. 내 안에는 아직도 여러 신들이 살고 있었다.
Diary 19/05/18

순례길 첫날, 비를 맞고, 고개를 푹 숙인 풀들의 모습이 마치 예루살렘 성문에서 예비된 십자가의 길로 향하는 구원자, 예수님을 종려나무 잎을 들고 맞이하는 백성들의 모습으로 보였다. Diary 19/05/19

주님이 가셨던 그 길로 우리를 초대하셨다. 그 길이 바로 십자가의 길이며 (마 16:24), 희생제물이 되는 길이며 (롬 12:1), 이방인을 제물로 바치는 제사장의 길이다 (롬 15:16). 로마에서 피니스테라까지, 총 3018km, 87일의 일상 속 매일 개혁되어지는 예배자로서의 훈련이 지금 시작된다.

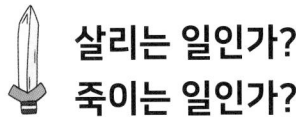
살리는 일인가?
죽이는 일인가?

　　무엇이 나를 이곳으로 이끌었던가? 산티아고 순례길은 6년 전 프랑스 길을 걸었던 계기로 첫 인연을 맺게 되었다. 프랑스에서 대학생으로서 마지막 학기를 마치니, 내 인생에도 '진로 고민'이라는 이름의 불청객이 찾아와 머릿속에 둥지를 틀었다. 그러다 보니, 머리와는 달리 마음은 조급해져만 갔다. 조금은 적극적으로 그리고 공식적으로 '생각'이라는 걸 하기 위해, 집 앞 생뜨띠엔느역(Saint-Etienne)에서 기차를 타고 생장 피에드 포트(Saint-Jean-Pied-de-Port)로 발걸음을 옮겼다. 그리고 생장에서 피니스테레(Finisterrae)까지 900km 되는 길을 온전히 즐겼다. 다양한 국적과 폭넓은 연령대의 사람들과 자연스레 걸으며 이야기하고, 식사하고, 벤치에서 커피 한 잔과 함께 담소를 나누는 소소한 일상들을 함께 했다. 마치 짧게나마 세계여행이라도 하는듯한 기분이었다. 각자의 어쭙잖은 미완의 인생 철학들을 나누며, 논쟁하기도, 공감하기도 했던 시간, 바로 교실 바깥에서만 누릴 수 있는 살아있는 인생 수업들이었다. 언젠가 때가 되면, 미래의 배우자와 함께 걷고 싶은 길이었으며, 아이가 생기면 온 가족과 함께 천천히 음미하고 싶은 장소였다.

　　시간이 흘러, 하나님의 전적인 이끄심으로 현재 미국 시카고 근처 디어필드에 위치한 트리니티 신학대학원에서 목회학을 공부 중이다. 하지만, 또다시 진로 고민이 나를 부른다. 멀지 않아, 진로 고민은 평생 하는 것이라는 걸 깨닫게 되었다. 가톨릭 교인이 아니기에 성당들을 탐방한다거나, 미사를 빠짐없이 드린다는 차원으로 '로마에서 땅끝까지 걷는 순례길'을 기획한 건 아니었다. 유럽 기독교 역사를 현장답사 하는 차원도 아니었고, 개인적인 이유로 나를 찾아 떠나는 여행을 하는 것은 더욱 아니었다. 예수님을 따르는 한 신앙인으로서 두 발로 성경을 읽고 싶었다. 그리고 다른 사람들을 통해서 하나님을 만나고, 내 마음이 하나님의 사랑으로 점점 더 가득 채워져 넘쳐흐르는 시간을 갖길 소망했다. 개인의 삶과 성경의 이야기가 하나가 될 수 있음을 내 삶 속에서 두 눈으로 확인하고 확증하고 싶었다. 예수님을 믿는 자로서 자신의 삶 속에서 복음이 드러나지 않는 것만큼 새빨간 거짓말은 없을 테니.

> 적어도 내게 이 길은,
> 도전이라기보다 관찰일기였다.
> 모험이라기보다 삶 그 자체였다.
>
> 교회의 역할이 궁금했다.
> 교회된 자가 있어야 할 곳은 어디인가.
> 교회된 자가 해야 할 일은 무엇인가.

요한복음 2장 19절 말씀을 통해 예수님의 이야기를 들여다보자. 성전 그 자체이시자 성전을 누구보다 사랑하시는 예수님이 '허물겠다'라고 하신다. 요한복음 2장에 기록된 성전 척결 사건처럼, 주님의 성전을 이루는 한 벽돌로 부름받아 주님과 동행하며 산다고 고백한 이가, 하나님의 나라를 위한 것이 아닌 자기의 유익만을 구하는 자, 혹 내가 아닌지 멈추어 되돌아본다. 순례길을 걷는 내내 같은 질문을 나 자신에게 연거푸 물어보아야만 했다. 성전 된 자로서 살아야 할 바른 삶의 모습에 대해서.

신학을 공부하며, 리더자 양육 과정을 밟고 있는 내게, 수많은 쓴소리를 등에 지고 이 길을 걸어야만 했다. 예쁜 길을 걷고 있을 시간에 교회 사역에 더 힘써라. 계절학기를 들어서 졸업을 더 빨리해야지. 성경책을 읽는 데 더 집중해라. 난 이 길을 걷기 전부터 주님께 맹세했다. 만약, 이 길을 걷는 한 걸음이라도 저의 유익을 좇고 장사하는 마음으로 걷는다면, 저를 채찍으로 훈계해 주시고 나를 위해 벌어들이는 어떠한 유익도 다 쓸어 척결케 해주시옵소서 (요 2:15-16).

오늘도 내게 물어본다.
생명을 살리는 일인가.
생명을 죽이는 일인가.
소망을 건네는 일인가.
공포를 안기는 일인가.

하나님의 뜻을 행하는 삶은, 'A와 B 중 어떤 선택을 해야 할까요? 그렇지요? A지요' 라는 삶이 아니라, 자신이 만든 프레임에서 벗어나, 성경에 쓰인 하나님의 원리대로 사는 삶을 뜻했다. 그래서 같은 곳을 가도, 같은 일을 해도, 누군가는 하나님의 뜻에 순종하는 자가 될 수 있고, 또 다른 누군가는 하나님의 뜻에 불순종하는 삶을 사는 것이다.

광활한 숲 위를 걷는 커다란 죄인을 발견했노라. Diary 19/06/24

비싼 향유:
나의 모든 것은 다 주님의 것

마리아는 지극히 비싼 향유 곧 순전한 나드 한 근을 가져다가 예수의 발에 붓고 자기 머리털로 그의 발을 닦으니 향유 냄새가 집에 가득하더라 (요 12:3)

당신은 누군가에게 삼백 데나리온을 받아 본 경험이 있는가? 반대로, 당신은 누군가를 삼백 데나리온으로 섬긴 경험이 있는가? 당시 노동자의 하루 삯이 일 데나리온인 것을 감안하면, 삼백 데나리온은 족히 1년 삯을 일컫는다. 산티아고 순례길을 떠나기 한 달 전, 무명의 발신자로부터 한 통의 편지와 후원금을 전달받게 되었다. 그 금액은 내가 감당할 수 없는 큰 돈이었기에 무명의 발신자를 찾게 되었고, 그에게 받을 수 없는 돈임을 밝히고, 거듭 되돌려 주고자 했다. 하지만, 그분은 정중하게 거절하시며 하나님께 온전히 드린 것이라며 마리아의 향유를 언급하셨다. 후원금은 그분께서 정확히 1년 동안 파트타임으로 일하며 모아 놓은 적금이었다. 그리고 동시에 그분이 가지고 있는 전 재산이기도 했다.

당신은 내가 가지고 있는 모든 것을 온전히 하나님께 다 드릴 수 있는가? 하나님께서 기뻐하실만한 예배를 드린 적이 있는가? 장가가는 것도, 시집가는 것도 다 뒤로하고, 내 모든 삶을 주님께 드릴 수 있는가? 나사로의 부활이 내 삶의 온전한 기쁨과 감사로 자리하고 있는가? 잔치하는 마음이 내게 있는가? 적어도, 마리아에게는 나사로의 부활이, 자신의 부활됨이었고, 나사로의 기쁨이 그녀에게 기쁨이 되었음을, 마리아의 향유 사건을 통해 확증하고 있다. 그리고 향유 사건을 끝으로 예수님은 예루살렘에 입성하여 십자가의 길과 부활을 본격적으로 준비하시고, 이행하신다. 동시에 예수님을 따르는 제자들에게서도 '주님이 하나님의 아들이자 메시아'임이 마음속에 새겨지기 시작했지만, 마리아의 향유를 통한 온전한 믿음에는 이르지 못한 것으로 보인다.

　　　　　나의 마음도 여전히 제자들의 마음과 같았다. '주님을 따르겠습니다. 제 이전의 삶을 완전히 등지고, 빛 되신 주님의 삶만을 따르겠습니다.'라는 고백이 내 삶에 깊이 뿌리박혔다고 착각했다. 내 마음 속에 있는 큼지막한 물건들을 버리고 버려도 눈에 잘 뛰지 않는 작은 물건들은 먼지처럼 소리없이 쌓여만 갔다. 매 순간 하나님께서 부어 주시는 새로운 마음으로 죄성들을 청소하지 않으면 하나님이 없는 나의 의지는 어디서든 꿈틀거렸다. '이 정도는 제가 할 수 있어요. 하나님은 쉬세요.'라는 못된 습관이 아직도 내게는 차고 넘친다. 누군가로부터 그의 전 재산인 삼백 데나리온을 받게 되었을 때, 비로소 난 깨닫게 되었다. 난 아직 누군가에게 나의 삼백 데나리온을 줄 수 있는 마음을 가진 사람이 아니라는 사실을. 내 안에 아직도 '내 것'이라고 생각하는 부분들이 많다는 사실을 말이다.

하나님의 크신 은혜로 순례길에 입성하였다. 전부를 드린 마리아의 믿음이 나의 믿음이 되길 기도하는 마음으로 길 위에 첫 발을 내딛는다. 순례길 위에서 요한복음 12장에서 20장까지의 이야기가 나의 마음 속에 쓰이고 있음을 믿는다. 20장이 끝나고 21장이 펼쳐질 때, 예수님께서 제자들에게 약속하신, 새로운 사랑, 새로운 길, 새로운 삶이 내 인생에서도 펼쳐지길 믿는다. 부디, 주님께서 제자들에게 말씀하시고, 친히 보여주시고, 함께 하신 십자가와 부활의 이야기가 나의 이야기가 되기를 빈다.

🐚 사랑이 담긴 태도

　　순례길 첫날밤에 만난 기셀라, 독일에서 온 70대의 이신론자다. 둘째 밤에 만난 프랑스 사람 베트홍은 50대의 무신론자다. 기셀라와 베트홍 모두 가톨릭 신자였지만, 예수님을 여전히 믿기 힘들다는 게 그들의 공통된 생각이었다. 삶의 대부분을 동독일에서 살았던 기셀라는 1990년 동독과 서독이 하나의 나라로 통일된 후 자유를 찾아 매년 순례길을 찾는다고 했다. 그리고 그녀는 9명의 손자와 손녀를 위해 독립출판을 생각하며 '자유'라는 주제로 매일 글을 쓰고 있다. 베트홍은 스위스 제네바 근처 국경지대, 프랑스 소도시에서 살고 있다. 그는 영적 쉼을 얻기 위해 순례길을 나섰단다. 단순한 삶을 지향하고, 인간이 인간 되기 위한 길은 걷는 기쁨을 회복하고 과소비를 줄이며 사치스러운 음식을 자제하는 것이라고 한다. 신자는 아니지만, 경건한 삶이야말로, 인간이 가장 행복해질 수 있는 길이라 믿으며 순례길을 걷고 있었다.

　　복음을 전해 들었고, 심지어 따라 살려고 노력한 세월이 길게는 수십 년 짧게는 몇 주부터 몇 달인 분들을 주변에서 어렵지 않게 찾아볼 수 있다. 사실, 기셀라와 베트홍의 모습은 우리들의 가족, 친구들, 직장동료, 그리고 주변 이웃들의 모습이기도 하다. 하지만, 하나님을 믿고 따르는 그리스도인들과 각자가 보기에 선한 일들을 하는 사람들의 겉모습으로 두 집단을 확연하게 구분 짓기에는 어려움이 있다. 왜냐하면, 하나님의 일은 일의 형태보다 일의 목적과 동기가 더 중요하고, 한순간보다는 지속성에 더 초점이 맞추어져 있으며, 성령의 아홉 가지 열매, '사랑, 기쁨, 화평, 오래 참음, 친절, 선함, 신실함, 온유, 절제(갈 5:22-23)'를 통해 검증할 수 있지만, 이 또한 위선과 가식에 속아 옳게 판단하기가 쉽지 않기 때문이다. 하지만 진짜 문제는 예수님을 따른다고 지역 교회 예배당을 오랫동안 다닌 사람들에게서 나타난다. 놀랍게도 이들 중 대부분은 기셀라와 베트홍처럼 하나님이 어떤 분인지 모르고 있다는 사실이다. 더 나아가 죄가 무엇인지 모르고, 우리 자신이 어떤 존재인지에 대해서도 명확히 모르고 있다.

앞으로도 순례길 위에서 여러 모양의 사람들을 만날 것이다. 그리스도를 알지 못하거나, 믿지 않는자들을 만날 때면, 기회는 이때구나 하고 달려들어, 복음을 전해야 할까? 아니면, 그저 그들의 이야기를 들어 주어야만 할까?

신학교에서 로이(Steven C. Roy) 교수님께 배운 '크리스천의 태도'가 생각난다. 바른 지식을 전하는 것 이전에, 상대방을 사랑하는 마음, 그리고 존중하는 태도를 갖는 건 그리스도인으로서 가장 기본이 되는 덕목임을 오늘 밤 되새긴다.

앞으로의 여정 위에서
죄로 죄를 밝히려는 어리석은 행동보다,
빛으로 죄를 밝히우는 지혜로운 자로 성장하길 빈다.

숙소에서 늦은 밤까지 나와 함께 이야기를 나눴던 기셀라.
Diary 19/05/20

파스타면에 토마토소스 그리고 소금,
베트홍과 나만의 소박한 저녁 식사.
Diary 19/05/21

사랑 라떼
한잔 가득

너희 모든 일을
사랑으로 행하라
(고전 16:14)

캄파냐노(Campagnano)에서 라 소르타(La Sorta)로 가는 길이다. 2시간여 산속에서 집중호우를 만났다. 비 소식을 이미 들어 알고 있었음에도, 예상치 못한 굵은 빗줄기에 당황스럽기만 하다. 빗물은 삽시간에 커져 산길에 여러 강줄기를 만들었다. 위험신호를 감지하고, 살기 위해 안전한 마을로 발걸음을 재촉했다. 이제야 오전 11시를 간신히 넘긴 시간이었지만, 초행길, 그것도 인적 없는 산속 길에서 진흙밭을 헤쳐 나오니, 이미 몸은 노곤노곤해져 빨래처럼 축 늘어져 버렸다.

오늘의 목적지인 라소르타까지 못 가겠다며, 고개를 절레절레 흔들었지만, 설상가상 중간 거점 마을인 포멜로(Formello) 공립 알베르게와 사립 알베르게 모두 예약이 가득 차 버렸다. 공석이 없음을 확인하니 남은 진마저 다 빠져 버렸다. 하늘은 내가 더 걷길 바랬던 것일까? 마침, 이탈리아 기상청 앱을 통해 곧 하늘이 갠다는 소식을 확인했다. 이제서야 긴장이 서서히 풀린다. 애써 마음을 추스르며 오늘의 목적지까지 무사히 갈 수 있게 충분한 휴식시간을 갖기로 결정하였다. 하늘도 내 생각에 흡족했는지, 매섭던 비도 그치기 시작한다.

볕이 잘 드는 아담한 카페를 찾았다. 오늘 라떼 값은 1.3유로. 한화로 2천원 남짓한 돈이다. 커피 위에는 한 모금하면 없어질 하트모양의 예쁜 그림이 그려져 있다. 마시지 않아도, 크림 위에 초코릿 시럽으로 그려진 그림은 시간이 지나면 자연스레 모습이 일그러진다. 그럼에도 불구하고 커피를 만드는 사람은 사랑으로 콩을 볶고, 커피를 내려 그 위에 사랑을 그려 담아 이방인에게 사랑을 전한다. 사랑이 가득 담긴 잔을 받고, 동전 주머니에서 내 손가락에 쉽게 잡힌 2유로 동전을 하나 건넨다. 하지만, 바리스타는 2유로를 받지 않고, 내 손바닥 위에 놓인 작은 잔돈들을 세어 1.3유로를 웃으며 가져간다. 내 잔돈의 부피와 무게를 줄여 주었다. 여행자를 위한 작은 배려로 느껴졌다. 내가 카페에서 책을 읽으며 메모하는 사이에 그녀는 숨어 있는 먼지들을 잡음 없이 성실히 청소했다. 특별히, 카페 안에 있는 작은 화장실을.

내가 하는 선한 일을
다른 사람들이 알지 못할 수도 있다.
아니, 어찌 보면 모르는 게 당연한 것이다.
보여주기 식이라면 하지 않는 편이 더 이롭다.

내가 애써 누군가를 위해 했던 헌신이
아무도 모르게, 사라질 수도 있다.
어떤 대가를 바라고 한 게 아니지만,
보상과 결과는 사람의 소관을 넘어서는 일임이 분명하다.

선한 일과 헌신적인 마음은
모두 상대방을 사랑하는 마음에서 시작한다.
그리고 그 사랑하는 마음은 자신에게 주어진 소명을
기쁨과 감사함으로 받을 때 비로소 가능해진다.

내 가방의 무게를 줄여 주어서,
예쁜 그림을 그려 주어서,
나그네가 잠시 머물기에,
쾌적한 환경을 만들어 준 그녀에게.

내 마음을 큰소리로 전했다.
"그라체! (고맙습니다)"

사막과 같은 길을 걷다 목을 축이기 위해 잠시 들렀던 숙소. 주인 내외가 웰컴 음료로 건강주스를 주셨다. 전례 없는 빗줄기에 텃밭에서 고인 물들을 퍼내고 계셨다. 그들은 알베르게를 운영한 이후로 한국인을 처음 봤더란다. 그래서 그들의 숙소 벽 타일에 멋진 태극기와 짧은 메세지를 남기고 다시 길을 떠났다.

쉴 수 있을 때 쉬어야 한다.
그래야 더 멀리 갈 수 있다.
안전히 그리고 기쁨 충만히.
Diary 19/05/21

쉴 때보다 걸을 때 깊이 있는 영감들을 받는다.
이 길이 지나가는 길이기에 다시 만나기에는, 또 다시 걷기에는 힘든 길이기에,
더 애착심이 생겼던 걸까? 그래서 더 집중해서 보고 느끼고자 하는걸까?
이것도 저것도 아니라면, 이 곳에 온 보상심리 때문에 어거지로라도 무언가 느끼고 싶었던건 아닐까?
Diary 19/05/21

 카타콤:
증인된 자의 삶

또 이르시되 내가 너희와 함께 있을 때에 너희에게 말한 바 곧 모세의 율법과 선지자의 글과 시편에 나를 가리켜 기록된 모든 것이 이루어져야 하리라 한 말이 이것이라 하시고 이에 그들의 마음을 열어 성경을 깨닫게 하시고 또 이르시되 이같이 그리스도가 고난을 받고 제삼일에 죽은 자 가운데서 살아날 것과 또 그의 이름으로 죄 사함을 받게 하는 회개가 예루살렘에서 시작하여 모든 족속에게 전파될 것이 기록되었으니 너희는 이 모든 일의 증인이라 (눅 24:44-48)

수트리 마을 입구에 있는 유료 야외 전시장이다. 수십개의 카타콤들이 수트리 마을을 병풍처럼 둘러싸고 있어 장관을 이룬다. Diary 19/05/21

로마에서 걷기 시작한 지 3일째. 첫 날은 캄파냐노까지 19km, 둘째 날은 라 소르타까지 23km, 그리고 셋째 날은 수트리까지 23.75km를 걸어왔다. 순례길 첫날부터 지금까지 온종일 우비신세다. 5월 말이라 날이 제법 더울줄 알았지만, 아침에 비바람이 몰아칠 때면 떨어지는 체온을 유지하기 위해 가지고 온 옷을 죄다 걸쳐 입기도 했다. 3일간의 내리 붓는 장마는 내 속도를 늦추어 주었다. 나의 계획대로 되지 않음에 화와 짜증이 섞인 숨어있던 죄들이 낱낱이 드러났다.

수트리 마을로 들어서자 조그마한 동굴들이 울타리처럼 마을을 빙빙 휘감고 있었다. 마을에 도착하니 내 스마트폰은 운명을 다해, 마을 사람들에게 길을 물어 물어 지역 경찰서를 찾아갔다. 친절한 경찰이 마을에서 스마트폰 충전과 함께 숙소비가 가장 저렴한 수녀원으로 전화 연결을 도와 주셨다. 오늘의 숙소는 수트리에 위치한 수녀원이다. 순례길에서 2km정도 벗어난 동네인지라 수녀원에서 직접 픽업 서비스를 해주셨다. 수트리 수녀원은 이탈리아 수녀 한 분과 필리핀에서 오신 여섯 명의 수녀님들이 관리 및 봉사하는 곳이었다. 픽업 온 수녀님께서, 수녀원으로 가는 길에 말씀해 주셨다.

"수트리는 수많은 카타콤으로 둘러싸여 있는 역사적인 순교지 중 한 곳입니다. 이곳에서 지낸다는 사실만으로 굉장한 감동이 있어요."

그랬다. 작은 동굴들. 수트리 마을의 얼굴, 카타콤들이었다. 교회사의 세계적 석학, 후스토 L. 곤잘레스에 따르면, 교회가 정부의 인정을 받지 못했지만, 장례 협회들은 예외적으로 허락이 되었다고 한다. 그래서 카타콤은 초대교회의 역사 속에서 기독교인들이 가질 수 있는 유일한 소유지였던 것이다. 모이는 것에 자유로움을 가질 수 있었고, 그 공간을 충분히 활용할 수 있었다. 동시에 카타콤은 초대교회에서 순교당한 신앙 선배들의 무덤이었기에 성찬식을 통해 순교당한 선배들과 한 몸이 됨을 생생히 기억하고 되새길 수 있는 특별한 공간이었던 것이다.

그리스도의 증인들에게 유일했던 공간, 카타콤. 이 곳에 관한 온전한 진실은 초대교회 성도들과 하나님만이 아시겠지만, 카타콤이 예배드렸던 장소이자 박해받았던 장소임에는 분명한 사실이다. 기독교는 태동할 때부터, 당시 유대 사회 기득권이었던 바리새파와 사두개파에게 핍박을 받아왔다. 그리고 네로 황제 때부터 공식적인 박해의 시작과 함께 콘스탄티누스 2세가 동로마와 싸워 통일하기까지 약 300년 가까이 '피의 역사'가 쓰였다. 그럼에도 불구하고, 신약의 서신서들 중 대표적으로 요한계시록에서 증거하듯이 증인들의 삶은 또 다른 증인들을 낳았고 길렀다. 그들의 삶 속에는 십자가와 부활에 대한 믿음뿐만 아니라 그 안에 사랑이 녹아 흘러가고 있었고, 단단한 희망이 싹을 틔우고 기르기를 반복하는 것이었다. 이와 같은 사실은 기독교인의 폭발적인 수의 증가로 입증되었다.

21세기를 사는 그리스도인들에게 박해와 순교는 어떤 의미일까? 순교와 박해는 구시대적 산물이 되어버린 건가? 기독교를 핍박하는 이슬람 국가나, 사회주의 국가에 국한되어 있는 걸까? 현대사회를 살아가는 증인 된 삶은 어떠한 삶인가?

소위 이라크나 북한과 같은 나라에서 선교하는 사람들만이 증인 된 삶을 살고 있는 것인가? 기독교 역사에서 '증인'들은 물리적인 모든 땅 위에서 존재했다. 그리고 선교사들을 파송하는 나라들이나, 선교사들에게 말씀을 전해 듣는 나라들 모두 매일 개혁되는 삶이 필요했다. 복음을 전하는 방법과 때, 그리고 각각의 다양한 영역에서 필요한 달란트가 달랐을 뿐이었다.

영적 맹인들에게는 제3세계만이 복음을 전해야 할 장소로 여겨질 수 있고, 문자적 복음만을 전달할 내용으로 볼 수 있을 것이다. 하지만, 하나님께서 눈을 열어 보여주신다면, 하나님이 이끄시는 길 위에서 만나는 모든 사람들이 복음을 증거할 대상자들임을 깨닫게 되고, 문자언어를 넘어 삶 그 자체로 복음을 증거하게 됨을 믿는다.

 ## 나봇의 포도원

아합이 나봇에게 말하여 이르되 네 포도원이 내 왕궁 곁에 가까이 있으니 내게 주어 채소 밭을 삼게 하라 내가 그 대신에 그보다 더 아름다운 포도원을 네게 줄 것이요 만일 네가 좋게 여기면 그 값을 돈으로 네게 주리라 나봇이 아합에게 말하되 내 조상의 유산을 왕에게 주기를 여호와께서 금하실지로다 하니 (왕상 21:2-3)

시에나가 가까워지자, 토스카나가 속살을 보여 준다. 수많은 포도원이 토스카나의 비옥함을 자랑하듯 드러낸다. 그중 작지도 크지도 않은 크기의 수수한 빛의 포도원이 내 시선을 머물게 한다. 그리고 내 마음속에 들어찬 "나봇의 포도원" 사건.

남유다와 북이스라엘을 함께 다스려 권력의 중심에 서 있던 아합왕. 그는 나봇의 포도원이 탐이나 왕의 신분으로 나봇에게 거래를 청한다. 하지만, 나봇은 단칼에 왕의 제안을 거절한다. 나봇은 세상 권력의 중심인 왕보다, 만왕의 왕, 하나님을 경외했기 때문이다. 나봇에게 모든 토지의 소유자는 본인도, 왕도 아닌, 하나님이었다 (레 25:23).

열왕기상 21장 2절에 따르면 나봇은 더 좋은 포도원을 가질 수 있는 기회를 단번에 거절한 것이다. 다시 말해, 목돈을 챙길 수 있는 기회였으며, 고단했던 농부의 삶에 부귀와 편안함이 한 번에 찾아올 수 있는 제안을 정중히 거절한 것이다. 성경 속 나봇의 포도원처럼 비옥한 땅에 좋은 볕을 쬐고 있는 포도나무들을 마주하니, 내게도 하나님께서 예비해 주신 밭들이 있음을 기억하게 되었다.

4년 전 아이슬란드 여행기를 집필할 때, 양질의 책을 빨리 만들어주겠다는 굵직굵직한 국내 대형 출판사들의 달콤한 제안들이 있었다. 졸업 때까지 미국 유학비를 후원하겠다며 프로젝트를 맡아 달라는 회사 대표들, 해외 현지 업체에서 학업 스케줄을 고려한 섭외 제안들, 자기 기업의 제품들을 홍보해 달라며 특정 여행에 들어가는 일체 모든 비용을 후원하겠다는 회사들도 있었다. 비교적 최근에 있었던 이와 같은 제안들은 부족한 내게, 가능성과 능력을 인정해 준 점에 대해서는 넘치는 감사함이 내 마음속에 여전히 남아있다. 하지만, 대부분의 제안들은 나의 필요를 그들이 채워 주겠다며 나서는, 이스라엘의 아합왕과 별반 다르지 않은 제안들이었다. 그들은 굉장히 내게 관대해 보였고, 심지어 내가 믿고 있는 하나님을 자신들도 믿고 있다면서 우리는 서로 같은 목적을 지닌 자들임을 강조했다. 몇몇은 각자에게 주신 하나님의 달란트를 들먹이며 함께 일하자는 사람들도 있었다. 하지만, 그들의 속내를 면밀히 살펴보면 자신의 유익만을 좇는 사람들이었으며, 하나님을 이용하거나 무시하는 이들임을 어렵지 않게 알 수 있었다.

사실, 난 특출나게 잘난 게 없다. 좋은 대학교를 나와 그럴듯한 학벌이 있는 것도 아니고, 사진을 전공하지 않았던 사진가라 공기업이나 정부에서는 무시 받기 쉬운 이력서를 가지고 있었으며, 비교적 늦은 나이에 사진을 업으로, 신학을 타지에서 시작하여 모아놓은 돈은 더욱이 없었다. 그리고 돈을 벌지 않고 살아도 될 만큼 부자도 아니다. 그래서 난 언제든지 트리니티 캠퍼스에서 한국으로 돌아갈 준비를 하고 있었다. 혹여 학교에서 장학금을 받지 못하거나, 함께 일하는 기관들을 통한 수입이 없어지는 날이 올 때를 대비해서 말이다.

태어날 때부터, 성취욕과 명예욕 그리고 물질욕이 많았던 내겐 이 모든 것들이 다 유혹이었다. 하지만, 하나님을 만나고, 그와 동행하는 세월이 쌓이다 보니, 그와 함께하며 승리한 이야기도 많아졌다. 아합 왕처럼 하나님께 할당받은 땅, 다른 말로, 하나님께 받은 소명 및 달란트들을 자신의 소욕에 따라 사용하게 되면 하나님과 함께 살 때 누릴 수 있는 모든 은혜를 걷어차는 어리석은 행동임을 뼈저리게 알고 있었다. 반대로, 나봇처럼 자신에게 할당된 땅, 즉 소명과 달란트를 주님으로부터 왔음을 항상 기억하고, 주님의 뜻대로 행하고 사용할 때 그리스도의 부활을 통한 승리에 참여한 자가 될 수 있음에 확신했다. 자신의 모든 은사들이 주님께로부터 왔음을 알고, 바르게 사용할 때, 모든 생명을 살리는 역사에 참여하는 귀한 자리에 앉을 수 있는 것이다.

나봇은 겉만 화려한 빈 껍데기로 사는 삶이 죽음의 길임을 알았다. 살아 있는 자가 어찌 불구덩이에 뛰어드는 어리석은 짓을 할 수 있겠는가. 영적 부활(계 20:6)에 참여한 자가, 어찌 영원한 생명에 대한 확신이 없겠는가.

죽음을 불사하고, 나봇이 붙잡았던 하나님의 약속이, 토스카나를 뒤덮었다. 죽음 앞에서 참 생명이신 주님을 붙잡는 삶이 우리 모두의 삶 안에서도 꽃피길.

산 능선 위에서 풀을 뜯는 양떼를 지날 때 가끔 양치기 개들과 마주친다. 그들이 양들을 지키며 이끌고, 불청객(나)을 위협하는 모습들을 볼 때면, 양치기 개들의 용맹한 모습에 멋진 마음보다는 무섭고 피하고 싶은 마음이 컸다. 그 순간들마다 내 손은 짱돌을 움켜쥐고 있었다.

잃은 양을 찾다

너희 생각에는 어떠하냐 만일 어떤 사람이 양 백 마리가 있는데 그 중의 하나가 길을 잃었으면 그 아흔아홉 마리를 산에 두고 가서 길 잃은 양을 찾지 않겠느냐 진실로 너희에게 이르노니 만일 찾으면 길을 잃지 아니한 아흔아홉 마리보다 이것을 더 기뻐하리라 이와 같이 이 작은 자 중의 하나라도 잃는 것은 하늘에 계신 너희 아버지의 뜻이 아니니라 (마 18:12-14)

빗길 속, 오늘도 사람 발길이 뜸한 숲길을 지난다. 나무 가지들과 풀들이 무성히 자라, 한 사람이 지나가기에도 좁은, 터널 같은 길을 수차례 건넜다. 1시간쯤 지났을까? 마침내 도로가에 발이 닿았다. 주말 이른 아침이라 그런지 인적뿐만 아니라 오고 가는 차량조차 없다. 그제서야 정신을 차리며 잠시 음악을 멈추었던 에어팟을 다시 키려고 귀를 만졌다.

아뿔싸! 한곳이 휑하다. 그야말로 '멘붕'이었다. 이제 로마에서 떠나온 지 일주일밖에 되지 않았고, 목적지인 산티아고까지 갈 길이 까마득했기 때문이었다. 출발하기 전, 갓나온 신형 에어팟이었기에 혹여 다시 산다고 해도 이런 깡촌에서 살 수 있을 리 만무하고, 설령 대도시에서 살 수 있다 해도 에어팟이 한두 푼 하는 것도 아니지 않는가. 비는 내 속도 모르고 속절없이 내린다. 끝없이 내릴 기세다. 하물며 잃어버린 곳이 기억이 날 리도 없었다. 게다가 지나온 곳은 숲길이다. 이건 뭐 모래밭에서 바늘 찾기 아닌가?

난 왜 에어팟을 챙겨 왔는가? 순례길에서 아이폰과 아이패드를 최대한 잘 활용해 보자는 선량한? 마음으로 어렵게 공수한 귀한 놈이었다. 예전 순례길을 걸을 때 유선으로 인해 불편했던 점들이 개선되었고 활용도도 만점이었다. 길 위에서 음성 메모하기에 더할 나위 없이 편했고, 에어팟이 시리와 연동이 되어 조작하기 쉬었으며, 무선 충전이 되어 하루 종일 사용하기에도 불편함이 없는 보물 같은 놈이었다. 잠깐의 망설임을 뒤로하고 에어팟을 찾으러 지나온 숲길로 다시금 뛰어 들어갔다. 한쪽 눈은 현미경처럼 그리고 다른 한쪽 눈은 망원경이 되어 주변을 샅샅이 뒤졌다. 머리 또한 풀가동 시켜 에어팟이 귀에서 떨어질 법한 험한 지형들 위주로 수색 지역을 좁혀 나갔다.

그렇게 1시간의 사투 끝에 진흙에 박힌, 조그마한 반짝이는 물건을 찾았다. '아! 이 기분을 어찌 표현하리! 모든 것을 다 얻은 기분이랄까?' 사실, 에어팟뿐만 아니라 이번 여행을 위해 꾸린 내 가방 속은 어느 것 하나 버릴 게 없었다.

이번 여행기록을 위해 마련한 니콘의 미러리스 카메라 바디, 24-70mm 줌 렌즈, 아이패드, 아이폰, 무선 외장하드 그리고 다시 찾은 에어팟을 빼면 가방포함 5kg의 짐으로 이루어졌다. 반바지 한 벌, 긴 바지 한 벌, 속옷 세 벌, 양말 두 켤레, 반팔 기능성 티셔츠 두 벌, 얇은 바람막이 한 벌, 우의 하나, 사계절용 침낭 450g, 쪼리, 선크림 100ml, 물 750ml, 손톱깎이, 지갑과 여권, 그리고 작은 휴대용 성경책이 28L 백팩에 담겨 있었다. 모든 기록장비를 포함하여 총 8kg 내외의 무게를 유지하였다. 90일이라는 한정된 시간에 3000km 내외 길이의 트랙이라 매일매일 배낭의 무게에서 최대한 해방되고자 하였다. 출발 전, 하루에 12시간정도 되는 도보여행을 계획했기에 길 위에서 쌓인 피로를 풀기 위해 전 일정 알베르게와 같은 일반 숙소에서 충분한 휴식을 누리기로 결정하였다. 비박을 하는건, 제한된 일정과 체력으로 감당하기가 어렵다는 판단이었다. 그래서 독립적으로 먹고 잘 수 있는, 백팩용 텐트 기어나 코펠세트들을 일절 담지 않았다. 그리고 저렴한 여행이 아니라 지혜로운 여행을 배우고자 예산 또한 다른 여행 때보다 여유 있게 잡았다.

에어팟처럼 생명이 없는 작은 물건이 이렇게 귀한데, 주님의 양 한 마리는 얼마나 귀하겠는가. 감히 비할 수조차 없을 것이다. 에어팟이 내게 말씀을 들려주고, 찬양을 불러주듯, 난 주님의 몸된 자로써 어떤 역할을 담당해야 할까? 주님이 계획해두신 내 역할대로 잘 살고 있는 걸까? 혹시 길을 잃어 외롭게 주님의 이름을 부르짖는 길 잃은 양이 내 모습은 아니던가. 다시 찾은 에어팟에서 귀한 찬양이 흘러나온다.

시뇨리아 광장에 있는 코시모 1세의 청동 기마상과 넵튠 분수

 # 르네상스: 사람의 영광

    인본주의의 꽃, 르네상스의 중심지 피렌체와 중세 시대의 황금기를 보냈던 시에나를 거쳐간다. 인문학의 성지, 피렌체는 중세 시대 말 떠오르는 해였고, 차로 1시간 거리에 있는 시에나는 지는 해였다. 누가누가 더 화려하나, 힘겨루기를 했지만, 결국 시에나는 피렌체에게 모든 패권과 영광을 빼앗기게 된다.

    오늘은 동문이자 하우스메이트였던 태형이를 피렌체 기차역에서 만나기로 한 날이다. 어제저녁 시에나에서 기차를 타고 피렌체에 도착했다. 태형이를 픽업하기 전, 이른 아침, 조각상들로 즐비한 시뇨리아 광장을 둘러본다. 피렌체 도시에서 가장 위대한 정치인 코시모 1세 청동상을 앞세워 포세이돈 분수가 문지기 역할을, 15개의 조각상들이 설치되어 있는 로자 데이 란치(Loggia dei Lanzi)가 시뇨리아 광장을 둘러싸고 있다. 오른쪽 아치 아래에는 '메두사의 머리를 든 페라세우스상'이 왼쪽 아래에는 '겁탈 당하는 사바나의 여인상'이 있다. 죄인인 인간에게 신성을 부여하여 만든 신화 속 이야기로 '인류의 잔인한 폭력성'과 '겁탈, 강간의 역사'를 미화시켰다.

    베키오 궁전(현재 피렌체 시청으로 쓰이고 있는 건물) 앞에는 다비드상과 헤라클레스상이 멋진 위용을 과시한다. 구약성서에 나오는 다윗과 그리스 로마 신화에 나오는 헤라클레스의 조화는 참 아이러니하다. 마치, 대만, 타이베이에 위치한 용문사와 흡사하다. 예수, 부처, 공자, 그리고 유비, 관우, 장비 조각상이 나란히 놓여 있어 혼합종교의 온상을 보여주는 대표적인 곳 중에 하나가 바로 용문사이기 때문이다. 모두를 믿는 것은 모두를 믿지 않는 것과 같지 않던가. 게다가 르네상스 시대를 이끌었던 메디치 가문의 '지혜'의 상징이 된 다윗과 '힘'의 상징이 된 헤라클레스는 예술가들을 육성하고 후원하였던 그들의 정치적 이속을 거침없이 보여주는 단면적인 예시라 볼 수 있다.

미켈란젤로의 다윗상은 골리앗과 싸우기 전의 모습이 담겨있다. 성경 속 골리앗과 다윗의 장면은 다윗의 건강한 체력에 대한 묘사보다 되려 그의 젊고 붉은 아름다운 용모 (삼상 17:42)를 강조했고, 사자와 곰을 쳐서 죽인 사건에 대한 다윗의 간증이 성경에 기록되어 있지만, 자신이 가지고 있는 뛰어난 체력적인 조건이 아닌 하나님의 보호하심에 (삼상 17:34-37) 사건의 초점이 맞추어져 있다. 하나님의 말씀은 성경 인물들의 이야기를 넘어서 온전한 하나님의 본질이 드러나는 것임을 꼭 기억해야 할 것이다.

그러므로 베키오 궁전 앞 헤라클레스상 옆에 위치한 다윗상은 성경 안에서 말하고자 하는 의도보다는 정부의 자의적 해석과 자신의 권위를 드러내는데 이용했다는 건 부인할 수 없는 사실이다. 르네상스 시대, 예술가들과 함께 한 시대를 살았던 종교개혁가들이 예술작품들에 대해 시선이 곱지 못 했던 건 어쩌면 당연한 수순이었는지도.

종교개혁 500년이 지난 지금, 우리는 포스트모더니즘이라는 이름이 쓰여진 긴 터널 속을 지나가고 있는 중이다. 성경에 있는 인물이나, 성경 이야기를 말하지만, 되려 성경을 이용하여 자신의 해석을 뒷받침하는 하나의 도구로 이용하는 경우를 교회 예배시간뿐만 아니라, 우리 삶의 전 영역에서 자주 목격할 수 있다. 신본주의와 인본주의의 싸움은 교회사에서 영원히 사라지지 않을 싸움이기에, 땅 끝으로 가는 길 위에서 하나님을 이용하여 나를 교묘히 드러내고 있지는 않은지, 다시 한번 돌아 보고, 또 살펴본다.

헤라클레스와 코카스의 조각상

누가 철학과 헛된 속임수로
너희를 사로잡을까 주의하라

겁탈 당하는 사바나의 여인상

이것은 사람의 전통과
세상의 초등학문을 따름이요
그리스도를 따름이 아니니라 (골 2:8)

🐚 전통이 주는 유익

산길에서든, 아스팔트길에서든, 오전이고 오후이고, 산을 넘고 또 넘는다. 오르막길은 이제 밥 먹고 잠을 자는 일과 같은 선택이 아닌 하루의 일상이 되어버렸다. 캐나다 몬트리올에서 온 태형이가 내게 급경사길에서 왜 '지그재그'로 걷냐고 의문 가득한 목소리로 물어본다.

갈지자 (之) 걸음은 대학생 때 전영도 작은 외삼촌에게 마라톤을 훈련받으며 배웠다. 당시 외삼촌은 분기별로 열리는 국내 마라톤 대회를 정기적으로 뛰는 아마추어 마라토너였다. 첫 훈련 때, 20살이라는 내 나이를 믿고 힘으로 뛰었으나 5km도 되지 않아 턱까지 차오르는 숨을 참지 못하고 주저앉아 버렸던 기억이 있다. 삼촌은 달리기에 앞서 가장 기본이 되는 '호흡법'을 알려 주셨다. 입을 크게 벌려 들숨과 날숨을 확실히 내뱉고, 자신의 리듬을 타며, 힘을 싣기보다는 도리어 빼어 달려야 몸이 자연스럽게 달려 나갈 수 있다고 하셨다.

스피드가 아닌 리듬을 타야 했다.
일정한 스피드를 유지하는 것이 아니라,
지형별로, 날씨별로, 각기 다른 다양한 리듬으로
길을 걷고 달리는 것이었다.

전날에 비가 와서, 축축해진 산길을 달릴 때면 외삼촌은 지면의 상태에 대한 지식을 강조하셨다. 바로 오르막길과 내리막길에서 힘을 아끼며 안전하게 걷기 위해서였다. 예를 들어 물을 품은 나무뿌리와 돌은 산길에서 가장 위험하면서 가장 쉽게 접하기에 항상 이를 피해서 지면에 발을 내딛어야 함을 주의시키셨다. 그리고 산길에서 힘을 빼기 위한 방법은 경사길에서 지그재그로 걸어 보이지 않는 자기만의 계단을 만들어 걷는 것이었다. 무릎을 크게 들어 걷게 되면 큰 에너지 소모와 함께 몸 전체에 충격을 주기 때문이었다. 최소한의 힘으로 이동을 하는 법을 배우면, 하루에 최대로 걷고 이동할 수 있는 거리가 고무줄처럼 늘어난다. 외삼촌의 말에 신뢰가 갔던 건, 당시 40대 후반이셨음에도 불구하고 등산을 자주 하는 20대인 나보다 더 빠르고 안정적으로 산을 타셨기 때문이었다.

10여 년 전에 배웠던 외삼촌의 가르침이 나도 모르게 몸에 배어 있었나 보다. 그렇게 태형이도 나와 함께 더 많이 걷고 더 느리지만 더 멀리 그리고 더 안전히 가기 위해 지그재그로 걷고 또 걸었다.

기독교가 지켜온 전통은 무엇인가. 지금까지 우리에게 내려온 전통의 유익은 무엇인가. 성례로는 개인의 공적 고백인 세례와 공동체로써의 공적 고백인 성찬 그리고 주일날 부활의 승리에 참여함을 기뻐 기리는 공적 예배가 있을 것이다. 구원에 있어서 필수 불가결한 조건들은 아니다. 하지만, '기독교 전통'은 '십자가의 길'이라는 이름의 마라톤을 뛰고 있는 참여자들에게 안전한 울타리가 된다. 힘들 때 격려해주고, 바른길로 인도하기 위해 책망해주는 안전띠의 역할을 하기 때문이다.

# 친퀘 테레: 절벽 위,
다섯 송이 꽃이 피다

친퀘 테레의 첫 마을이자 친퀘테레를 대표하는 마을, 리오마조레의 모습이다. 공식적인 비아 돌라 코스타 길에서 벗어나, 마을 구석구석을 돌아 보았다. 다섯 마을을 잇는 철도가 있어 기차를 이용하면 편하지만, 트레킹 길을 이용하면 절벽위에 세워진 삶의 터전의 모습을 적나라하게 경험할 수 있다.

친퀘 테레는 다섯 개의 땅이라는 뜻을 가진 이탈리어다. 사람들이 고개를 돌리고, 이탈리아 북부에 위치한 척박한 땅에서 다섯 개의 봉우리가 피어났다. 봉우리의 이름은 왼쪽부터 몬테로소, 베르나차, 코르닐리아, 마나롤라, 그리고 리오마조레이다.

역사 속 정착자들의 시작은 명확히 알 수 없지만 기원전 땅의 역사가 기록된 만큼 이미 2천 년이 넘는 인류의 역사가 베어난 땅임을 알 수 있다. 7-8세기부터 종교의 박해와 전쟁의 폐허를 경험한 사회적 경제적 약자들이 조금씩 흘러 들어와 집을 짓고 절벽 위에 밭을 일구어 작은 공동체를 이룬 곳이다. 근래까지 바닷길의 접근만을 허용했기에 고립된 지정학적 위치에서 생겨난 독특한 마을들이다. 19세기에 제노바에서 라스페이자를 잇는 철도가 만들어지고 20세기 후에야 차가 오갈 수 있는 도로가 만들어졌다. 덕분에 척박한 자연을 일구어 살아온 어촌 주민들

의 역사가 화석처럼 고스란히 보존된 것이다. 이로 인해 1천 년이 넘는 역사가 새겨진 계단식 밭을 21세기에도 생생히 경험할 수 있게 되는 기회를 누릴 수 있었다.

주차하기는 불편해도,
사람들의 발길을 붙잡는다.
세계 최고 와인은 아니지만,
정성 담은 소량의 특별한 와인이 사람을 부른다.

언덕이 많아 힘이 들지만,
멋진 지중해의 풍광이 선물이 되어 준다.
땅이 없는 곳에 땅을 만들어,
사랑과 소망을 재배하였다.

핍박을 피해 온 자의적 유배지에
천 년에 걸쳐 곡괭이를 붓 삼아,
지중해를 먹물 삼아,
아름다운 다섯 송이의 꽃을 그렸다.

친쾌테레의 얼굴마담, 마나롤라와 어우러진 포토밭의 모습

볼라스트라(Volastra)를 올라갈 때, 감람산에 올라가 하나님 나라를 위해 기도하시는 예수님이 생각났다. 기도하는 마음으로 올라간다. 관광지 친퀘테라를 뒤로 하고,

아직도 남들 가는 곳 다 가고 싶은건 아닐까?
골든타임때 마나롤라를 카메라에 담고 싶은 유혹이 파도처럼 밀려온다.
하지만, 숙소에서 마나롤라까지 경사가 가파른 산길을 빠른 걸음으로 왕복 1시간을 넘게 걸어야 한다. 오늘도 고민하다 결국 탁 트인 전망의 테라스에서 1시간의 휴식을 택했다. 안 간건지, 못 간건지는 알 수 없다. Diary 19/06/06

🐚 **산길과
도로길
그사이**

좁은 문으로 들어가라 멸망으로 인도하는 문은 크고 그 길이 넓어 그리로 들어가는 자가 많고 생명으로 인도하는 문은 좁고 길이 협착하여 찾는 자가 적음이라 (마 7:13-14)

오르고 내리고, 하루에 많을 때는 다섯 봉우리를 연이어 넘을 때도 있다. 지금 내가 서 있는 이곳은 비아 델라 코스타라고 불리는 순례길이다. 매일 평균 35km, 총 348km의 길을 10일 동안을 걷는 일정이다. 많게는 54km, 적게는 21km 의 산길을 걸으며 지중해를 감싸고 있는 수많은 바다마을과 도시들을 걸었다. 특히 레반토구간에서 카모글리에 해당하는 62km 구간은 급경사가 많아 적잖은 칼로리를 요구했다.

시에나 근처에서 아버지뻘 되시는 프랑스인 순례자를 만났었다. 그에게 전해 들은 비아 델라 코스타에 대한 평은 다음과 같았다. '아름다운 풍광을 선물하지만 그 대가로 두 다리를 내주어야 하는 예쁜 길' 그가 10여년전 비아 델라 코스타를 여행했을 때는, 순례길 공식 사이트에서 정해준 12일의 구간을 150프로 늘려 18일간 자신의 체력에 맞게끔 재조정하여 걸었다고 하셨다. 왜냐하면 비아 델라 코스타는 그야말로 첩첩산중. 말 그대로 산 넘어 산이기 때문이다. 뒷동산, 앞동산의 개념보다는 굽고 굽은 산맥과 같은 모습이다. 사실, 이 해안가 길을 따라 산티아고로 가는 걸 주저했다. 두려웠다. 체력도 체력이지만, 친퀘테레와 같은 수많은 휴양지가 둘러 싸고 있어 물가가 전반적으로 비쌌기 때문이었다. 과연, 물가를 지혜롭게 잘 감당할 수 있을까? 미리 예약도 안한 내가 잘 곳이 과연 있을까? 무엇보다 순례자가 없는 순례길이었기에 인프라가 잘 구축되지 않아, 저렴한 숙소를 구하기도 힘든 게 현실이었다.

하지만 동행자, 태형이를 니스까지 데려다주는 미션을 수행하기 위해서는 이미 답은 정해져 있었다. 비아 델라 코스타를 통과해야만 한다. 모험이다. 부딪혀 보자. 무서워서 피할 거면, 로마에서 시작조차 안 했을 것이다. 10일간, 수도원들과 선배 순례자들이 마련해 준 사택뿐만 아니라, 에어비엔비, 호스텔 그리고 두어 개 별이 붙어 있는 저가 호텔까지 이용할 수 있는 모든 것들을 다 이용했다. 아무래도 숙소의 가격적인 면이 우선시 되었기에 순례길에서 벗어나 추가로 걸었던 길들도 제법 있었다. 하지만, 그보다 매일 나와 태형이의 생사를 좌지우지

했던 건 두 갈래 길이었다. 언덕 많은 까미노 지정 길을 따라가느냐? 아니면 평지로 이루어진 해안 길로 가느냐? 에 대한 선택과 고민이었다. 하루에도 수십 번 같은 질문이 머릿속을 오고 갔다. 산길이냐? 평지 길이냐? 언덕을 넘을 것인가? 언덕을 건너 뛸 것인가?

이천년의 세월 동안, 믿음의 선조들, 특히 순례길 선배들이 걸었던 길의 적지 않은 부분이 차도로 덮어져 버렸고, 그 위에 건물이 세워지고 부서지길 반복했다. 혹은 이용하는 순례자들이 줄어들어 자연스레 죽음을 맞이한 길들도 많았다. 현 시대, 까미노 길이 만들어진 최우선적 목적은 땅의 역사를 보여주는 것이고, 지역 사람들의 문화를 체험시켜주는 것이며, 옛길을 회복시키고, 순례를 걷는 사람들의 안전을 보장하는 것이었다. 그렇게 까미노 길은 돌 틈에 뿌리를 내리고, 단단한 흙 표면을 뚫고 움을 틔었다.

가파른 언덕길을 오르면, 숨이 가득 찬다. 길이 주는 선물로 튼실한 장딴지를 얻게 되었지만, 높고 가파른 언덕길을 마주할 때면 매번 어깨가 오그라들고 허리가 쭈그러진다. 하지만 언덕길 위는 자동차와 관광객들이 만든 소음을 차단시키고 매연 대신 질 좋은 공기를 선물해 준다. 게다가 도시와 마을이 한 눈에 들어오는 최고의 전망은 덤이다. 반대로 까미노 길이 아닌 구글 길이라고 불렀던 해안도로 길은 대부분 평평한 길이었던 터라 상대적으로 난이도가 쉬웠다. 하지만 종종 인도가 없는 차도를 자동차와 함께 지나야만 했기에, 보행자의 마음이 편치 않을 뿐만 아니라 자동차 운전자의 운전 또한 방해할 수 있는 위험한 길이었다. 게다가 멋진 레스토랑들과 젤라또를 파는 아이스크림 가게 주위에는 항상 관광객들을 노리는 소매치기의 위험이 도사리고 있어 무방비 상태에서 당하기 쉬웠다.

비아 돌로 코스타는 10일간 같은 방법으로 우리에게 같은 훈련을 시켜주었다. 오르막길과 도로길, 그리고 좁은 길과 위험한 길 사이에서.

내리막길은 경사에 따라 느끼는 체감의 정도가 판이하게 다르다.
Diary 19/06/10

 ## 참 소망의 노래:
히브리 노예들의 합창

프라텔리 클라인구티의 실내 모습이다.
주세페 베르디는 이곳을 40년이나 애용한 단골 손님이었다.
Diary 19/06/11

이탈리아 제 1의 항구도시 제노바(Genoa)를 지나는 중이다. 지금은 다른 도시들에게 패권을 넘겨주었기에 실제적인 힘을 잃은 도시지만, 중세시대 해양의 대표적인 상업 도시였던지라 그 당시 위용을 상상하기에 충분히 위압감 있는 건물들이 즐비했다.

제노바는 위대한 모험가이자 신대륙 발견의 영웅, 크리스토퍼 콜럼버스를 낳았고, 이탈리아 통일 역사에서 빼놓을 수 없는 국민적 영웅, 가르발디의 흔적들이 도시 곳곳에 새겨진 곳이다. 마지막으로 오페라의 왕이라고 불리는 주세페 베르디의 숨결을 느낄 수 있다. 제노바 구시가지에 선술집이자 카페인 프라텔리 클라인구티(Fratelli Klainguti)는 베르디가 무려 40여 년간 즐겨 찾았던 곳이기었기에, 제노바에서의 순례길 아침은 그가 사랑했던 카푸치노 그리고 브리오슈와 함께 즐겼다.

베르디는 종교인도 그리스도인도 아니다. 하지만, 나이 스물아홉에 그의 재기작이었던 오페라 '나부코'로 그의 전성기가 시작된다. 19세기 이탈리아는 하나의 통일 국가가 아니었다. 여러 색의 지역으로 구분되어 있었고, 심지어 이탈리아 북부는 오스트리아의 지배를 받고 있어, 당시 시대적 우울과 아픔을 가진 이탈리아 시민들에게 베르디는 희망의 노래를 들려주고자 했다. 민족주의 운동에 일조하고자 했던 그가 전 인류 역사에 기록된 여러 희망 메세지 중 선택한 사건은 바로 유대인들의 바벨론 유수였다. 19세기 디아스포라를 경험하고 있는 당시 유대인들에게 바벨론 유수는 살아있는 역사로 느껴지지 않았을까? 게다가 베르디는 항상 현실에 주목했던 작곡가였기에, 무릎을 탁! 쳤을 것이다. 오페라 특성상

대부분의 작가들이 과거 역사에 집중했던 반면, 베르디는 현시대의 사건을 재조명하여, 관객들과의 호흡에 힘썼던 작가다. 그래서 당시 관객들에게 그의 음악은 그 자체로 놀라움이자 충격, 그리고 많은 공감을 주는 19세기 이탈리아의 핫한 인플루언서였던 것이다.

> 가거라 생각이여, 금빛날개에 얹혀
> 가서 산기슭이나 언덕에 앉아보라.
> 따끈하고 부드러우며 흙냄새 나는
> 조국 땅, 산들바람 부는 곳에
> 요르단 강 둑에도 가보고,
> 버려진 시온 탑에도 가보라
> 내 조국, 참 아름다우나 잃어버린!
> 추억이여, 참 아름다우나 비참한!
> 예언해온 선지자들의 하프여
> 어찌 버들가지에 걸려 아무 말이 없는가?
> 우리 가슴속에 추억을 되살리며
> 지난 시절의 이야기를 들려 주려마
> 그 운명적이었던 솔로몬이 했듯이
> 비참한 소리의 비탄을 회고하던가
> 아니면 주님께서 우리에게 영감을 주시어
> 우리가 이 고통을 견디게 하던가

가사, '히브리 노예들의 합창'에는 영원한 희망보다는 비통한 슬픔에 대한 공감에 더 힘을 실었다. 유일한 구원자 예수님에 대한 믿음에 뿌리를 둔 희망보다는 이탈리아 민족주의를 불태우는 감정적 호소에 집중했다. 이탈리아 사람들은 부흥사와 같았던 베르디에게 완전히 빠져 버린다. 나부코는 이스라엘 민족 역사의 맛깔난 리메이크 찬양이었던 것이다.

그러나, 찬양은 믿는 자들의 고백이고, 찬양은 참 소망을 경험한 자들의 선포가 되어야 한다. 참 소망은 오직 참 믿음 안에서 태어난다. 바티칸을 포함한 이탈리아 국토는 대표적인 가톨릭 국가들 중 하나이다. 하지만, 부모의 믿음이 혹은 형제자매의 믿음이 내 믿음이 될 수가 없듯, 국가가 하나님을 믿는다고, 그것이 각 개인의 고백이 될 수 없다.

더구나 참 소망은 어디 멀리 있는 것이 아니다. 다시 말해, 그의 나라에서 누리는 참 소망은 이미 지금 우리가 살고 있는 현재의 이야기다. 참 소망이 없는 참 믿음이 없고, 참 믿음이 없는 참 소망도 없다. 우리가 살고 있는 이 시대에, 참 소망을 이 땅 가운데 세우고자 여러 모양의 행동주의적 운동을 이끄는 지도자들이 많다. 하지만, 참 소망의 모습은 실천주의적 교회의 모습 이전에 하나님의 말씀으로 속사람이 먼저 새로워져야함을 잊지 말아야 한다. 21세기를 살아가고 있는 우리는 알고 있다. 참 소망이신 하나님께서는 2000여 년 동안 나라와 언어를 잃었던 유대인들에게 회복의 역사를 일으켜 세우셨음을. 그리고 지금 이 순간도 하나님께서 함께 하심을.

제자 양육: 함께 자라는 시간

하나님이 우리에게 주신 것은 두려워하는 마음이 아니요 오직 능력과 사랑과 절제하는 마음이니 그러므로 너는 내가 우리 주를 증언함과 또는 주를 위하여 갇힌 자 된 나를 부끄러워하지 말고 오직 하나님의 능력을 따라 복음과 함께 고난을 받으라 (딤후 1:7-8)

"형, 저도 산티아고 순례길에 데려가 주세요!"

언젠가부터 혼자가 편했다. 특히나 여행을 떠날 때만큼은 더욱이 그랬다. 누군가를 책임지는 것도 무서웠고, 또 그럴 형편도 아니라고 생각했다. 무엇보다도 가장 큰 장애물은 가난한 마음이었을 것이다. 순례길을 가기로 결심한 건 출발하기 반년 전 2018년 11월쯤이었다. 같이 신학교를 다니고 있던 태형이가 자꾸 데려가 달라고 떼를 쓴다. 처음엔 "안돼"라고 단호히 말했다. 두 번째도 나의 대답은 같았다. 세 번째에는 태형이와 함께 밥을 먹으며, 그의 장난기 없는 제법 진지한 마음을 보게 되었다. 어쩌다, "그럼, 생각해 볼게!"로 변화하는 과정을 거쳐, 지금 내 옆에 태형이가 순례길을 함께 걷고 있다.

"전 형이 가는 길 뒤를 따르겠습니다. 왜냐하면 형이 하나님만을 따르는 사람임을 믿기 때문입니다."

태형이의 말에 어깨가 더 무거워진다. 태형이는 세계선교에 대한 비전을 품고 신학교에 들어왔고, 나는 북한을 품고 입학을 하였다. 그리고 태형이는 그림을, 나는 사진을 좋아했기에, 똑같지는 않았지만 제법 비슷한 점들이 많았다. 이왕이면 로마에서 함께 출발을 하거나, 스페인에서 마지막 여정을 함께 마무리하면 일정을 짜기가 수월했겠지만, 서로의 일정을 조율하다 보니 시에나에서 만나 니스에서 마무리하는 20일 일정의 순례 계획이 세워졌다.

지금까지 아프리카 선교여행만 가 보았던 태형이에게 유럽은 낯선 곳이었고, 순례길은 더욱이 생경한 곳이었으리라. 첫날부터 쏟아졌던 소낙비에 우비를 입고 벗어야 할 때, 하루의 적정 예산을 정하는 지혜, 알베르게를 찾고 예약하는 방법, 아침과 점심, 저녁을 해결하는 지혜, 그리고 가장 중요한 순례길 곳곳에 표시된 사인들을 보는 법을 알려 주었다. 또한 다른 순례자들과 마을 주민들을 만날 때, 여행자로서 기본적인 에티켓 등도 빼놓지 않고 공유했다. 신학교와는 다른 생태계인 여행길에서의 삶은 비슷하지만 또 달랐기에.

　　　　난 이미 로마에서 10일을 걸어왔었기에 내 몸뚱이는 순례길에 이미 익숙해져 있었다. 그에 반해, 태형이는 시에나에서 출발을 했기에 다리가 적응도 안 된 상태였다. 심지어 자신과 보폭도 다른 나와 함께 보조를 맞추어 가며 걷기가 결코 쉽지가 않을 테지만, 그는 내게 내색 한번 하지 않았다. 게다가 30km, 40km를 넘어 60km에 가까운 거리를 걸었을 때도, 좀 투덜거려도, 포기하지 않고 끝까지 함께 걸었다. 순례길 위에서 잠시 쉬어 갈 때, 태형이는 내게 골프공을 자주 건네 주었다. 알고 보니, 발바닥을 살살 문질러주면 쌓였던 피로를 손쉽고 빠르게 풀 수 있는 제법 요긴한 물건이었다. 또 그가 챙겨온 보조배터리는 고장난 내 것을 대체시켜 주었다. 더구나 몸이 엉망진창이 된 날도, 태형이의 따뜻한 배려에 이른 단비와 같은 샤워의 은혜를 먼저 만끽할 수 있었다.

　　　　혼자였던 지난 10일간은 숙소 예약을 하지 않아도 크게 문제 될게 없었다. 난 혼자였고, 누군가를 책임지지 않아도 되었으니까. 내가 길을 어딘가로 잘못 들어도 괜찮았다. 누군가를 다른 길로 잘못 인도하지 않았으니까. 태형이를 통해서, 나와 동행하고 있는 누군가의 안전에 대한 책임이 생겼고, 모든 발걸음에 대한 더 큰 확신이 필요했다. 나를 따라오는 한 사람을 위해 내가 하나님을 더 깊이 알아 갈 수 있는 순간들을 보내고 있는지를 더 면밀히 들여다 보아야 했다. 사치스러운 여행이 아닌 지혜로운 여행이 되어야 했기에, 기도를 소홀히 할 수 없었다. 때로는 과감하게 써야 했고, 때로는 허리띠를 꽉 졸라매야 했다. 때로는 돌아가는 길도, 쭉 뻗은 길도, 모두 두드려 보고 걸어가야 했다. 왜냐하면, 하나님이 예비하신 길을 걷는 자의 마음에는 하나님의 마음으로 항상 가득 차야 했기 때문이었다. 이제 곧 태형이와 이별할 시간이 다가온다. 이제서야 하나님이 왜 내게 태형이를 허락하셨는지 조금씩 이해가 가기 시작했다.

태형이는 태형이대로,
나는 나대로,

하나님 앞에서 자라나는
경험을 하고 있었다.

나의 동행자, 태형이의 목적지, 빛의 도시 니스에 느즈막하게 도착했다. 여행길 안에서, 우리는 모두 죄인중의 죄인이었음을 커다란 그림자가 우리를 대신해서 고백하고 있다. Diary 19/06/16

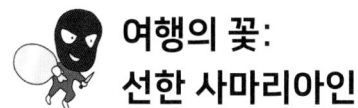 **여행의 꽃: 선한 사마리아인**

　　이탈리아, 시에나에서 프랑스, 니스까지 약 674km의 거리를 총 19일의 시간 동안 태형이와 함께했다. 태형이와 전우애를 다지며 고전에 고전을 거듭. 드디어 프랑스의 동부 국경도시 망통을 지나 태형이의 목적지, 빛의 도시, 니스에 도착했다. 니스 구시가지의 힙한 초밥집에서 기분 좋게 승리의 축배를 들었다. 그동안 쌓였던 순례길의 썰들을 나누며, 서로에 대한 미안함과 고마움에 대한 아쉬웠던 마음들을 풀었다. 마지막 스시를 해치우고 자리에서 일어날 채비를 할 때였다. 그제서야 우리에게 큰일이 났음을 깨닫게 되었다. 태형이의 가방이 없어졌다. 태형이는 곧바로 훔쳐간 도둑을 잡으러 골목길을 종횡무진 달려 다녔다. 그의 가방 안에는 순례길의 사진이 담긴 스마트폰 2대, 여권, 현금, 신용카드가 들어 있었다.

　　때마침, 지나가던 경찰이 있어 자초지종을 설명하며 레스토랑 근처 CCTV를 확인했다. 안타깝게도 우리가 있던 골목에 설치된 카메라가 없어 용의자를 찾는 건 사실상 불가능함을 전달 받았다. 도난신고 레포트를 만들기 위해 경찰서를, 그리고 새 여권을 만들기 위해 캐나다 대사관(태형이는 캐나다 교포이다)을 찾았다. 갑작스럽게 일어난 현실을 받아들이기 위해 조용한 카페에 앉아 시원한 콜라와 함께 숨을 골랐다. 우리나라 속담에 '호랑이에게 물려가도, 정신만 차리면 산다.'라는 말이 괜히 있는 게 아니다. 이럴 때일수록, 정신줄을 더 단디 붙잡아야 했다.

2010년, 배낭 하나 메고 세계 일주를 할 당시, 스위스 제네바에서 비슷한 사건을 경험한 바 있다. 한밤중 호스텔에서 깊이 자고 있을 때, 전자 사물함에 두었던 내 여행 가방이 도난당한 일이 벌어졌다. 여권과 모든 신용카드, 현금 900유로, 노트북, 모든 카메라 기어들, 그리고 사진 백업 디스크 등 여행 필수 기어들이 하룻밤 사이에 사라졌다. 이 모든 것들이 없어졌던 그날, 난 신고 물품 레포트를 만들기 위해 현지 경찰서를 찾았다. 우연히 그곳에서 캐서린이란 이름의 스위스 아주머니를 만나게 되었다. 그리고 그날 밤, 감사하게도 오갈 데 없는 이방인을 아주머니의 집으로 초대하여, 따뜻한 위로와 격려의 말씀과 함께 숙식을 제공해 주셨다.

쉥겐 조약으로, 무비자 90일이라는 제한된 시간에 로마에서 산티아고까지 약 3000km 되는 순례길을 완주하고 싶은 욕심이 있었다. 그렇기에 내겐 하루하루가 더욱이 귀하고 귀했다. 태형이의 도난사건은 내게도 다소 당황스러웠던 게 사실이었다. 순조로웠던 순례길 여정에 급 브레이크를 밟게 된 것이다. 하지만, 누구도 캐서린 아주머니의 도움이 내게 얼마나 컸는지 가늠치 못할 것이다. 그분에게 방 한 켠을 선물 받았던 첫날밤을 지금도 내 몸이 생생히 기억한다. "너의 잘못이 아니다. 비싼 경험을 한 것 뿐이다." 당시 마음이 힘들었던 내게 캐서린 아주머니께서 줄곧 해주셨던 말이었다. 그날, 나는 캐서린을 통해 '구원자의 은혜'를 경험했다.

캐나다 대사관에서 태형이의 여권을 재발급 받고, 몬트리올(태형이의 본가)로 돌아가는 항공권을 새로 발급받는 데까지 총 3일이라는 시간이 소요되었다. 그렇게 니스에서 반강제적인 3박 4일의 시간을 갖게 되었다. 태형이를 공항 가는 버스에 태우면서도 불안한 나머지(혹시, 비행기를 못 탈 상황을 대비하여) 이틀분의 숙박비를 손에 쥐어주고 다시 산티아고 순례길을 이어 나갔다.

니스에서 마지막 날 오후, 새로 받은 귀국행 비행기 티켓, 그리고 새로 받을 여권을 기다리며, 니스 해변가에서 우리는 잠시 사색하는 시간을 가졌다. "태형아, 여행에서 가장 귀한 경험이 무엇인 줄 아니? 바로 모든 것들이 리셋된 지금과 같은 상황이야. 여행 중 일어난 도난 사건을 난 '여행의 꽃'이라 부른단다. 왜냐하면, 우리가 자신도 모르게 손에 쥐고 있었던 것들이 모두 사라지는 순간이며 하나님을 가렸던 욕심들이 보이기 시작하고, 하나님만을 바라볼 수 있게 모든 상황이 도와준다는걸 깨달을 수 있거든. 그리고 여행길은 우리의 노력이 아니라 미리 예비해 놓으신 하나님의 은혜로만 채워진다는 사실을 겸손히 고백할 수 있기 때문이지. 넌 참으로 하나님께서 사랑하시는 아들인가 보다. 21일이라는 짧은 시간 안에 참 많은 것들을 경험했잖아. 게다가 마지막 날 가장 귀한 걸로!"

　　　이 사건을 통해 사마리아인의 이야기를 다시 묵상하는 시간을 가졌다. 제사장, 레위인, 사마리아인과 강도를 만난 자, 이렇게 총 4명의 인물들을 통해 '이웃사랑이 무엇인지'를 선명하게 보여준 하나의 예화이다. 예루살렘에서 여리고를 향해 내려가던 제사장은 필시, 예배당에서 하나님의 말씀을 전하고 집으로 향하는 목회자가 오늘날 적합한 예가 될 것이고, 성전에서 일했던 레위인은 교회에서 직분을 맡아 섬기는 장로와 집사로 대체가 가능할 듯 싶다. 하지만, 이들 모두 생사의 갈림길에 선, 도움이 필요한 자를 외면하고 자신이 맡은 직업적 책임에만 집중하기 바빴다.

　　　하지만 거처조차 정해지지 않았던 여행자 사마리아인은 어려움을 당한 이를 외면하지 못했다. 아픈 이를 보고 불쌍히 여길 뿐만 아니라, 그가 할 수 있는 최선을 다했다. 그리고는 다시 자신의 여행길을 계속적으로 이어갔다. 제사장과 레위인이 지식적으로만 하나님을 아는 위선적 신앙인이었다면, 사마리아인은 하나님과 인격적 만남이 있는 체험적 신앙을 가졌으리라 생각한다. 주님의 사랑을 충만히 누린바 있기에, 그의 사랑이 넘치는 은혜 또한 경험한 줄로 믿기 때문이다.

주님을 믿을 때, 우리는 계산기를 두드리는 효율성이라는 늪에서 벗어나게 된다. 성취뿐만 아니라, 과정에서 누리는 기쁨이 회복될 것이고, 내가 하는 것이 아니라 주님이 나를 통해 아픈 자를 낫게 해 주심을 깨닫게 된다. 주님 안에서 형제자매된 자들을 통해 하나님은 우리가 어디에 있든지 한 영혼, 한 영혼을 지키시는 자이심을 삶에서 고백할 줄로 믿는다.

감사하게도, 태형이는 몬트리올로 무사히 귀국할 수 있었다. 난 태형이를 통해, 더 큰 은혜를 경험했는지도 모른다. 받아본 자만이 나눌 수 있고, 나누는 은혜가 받는 은혜보다 더 큰 사실을 깨달았기에.

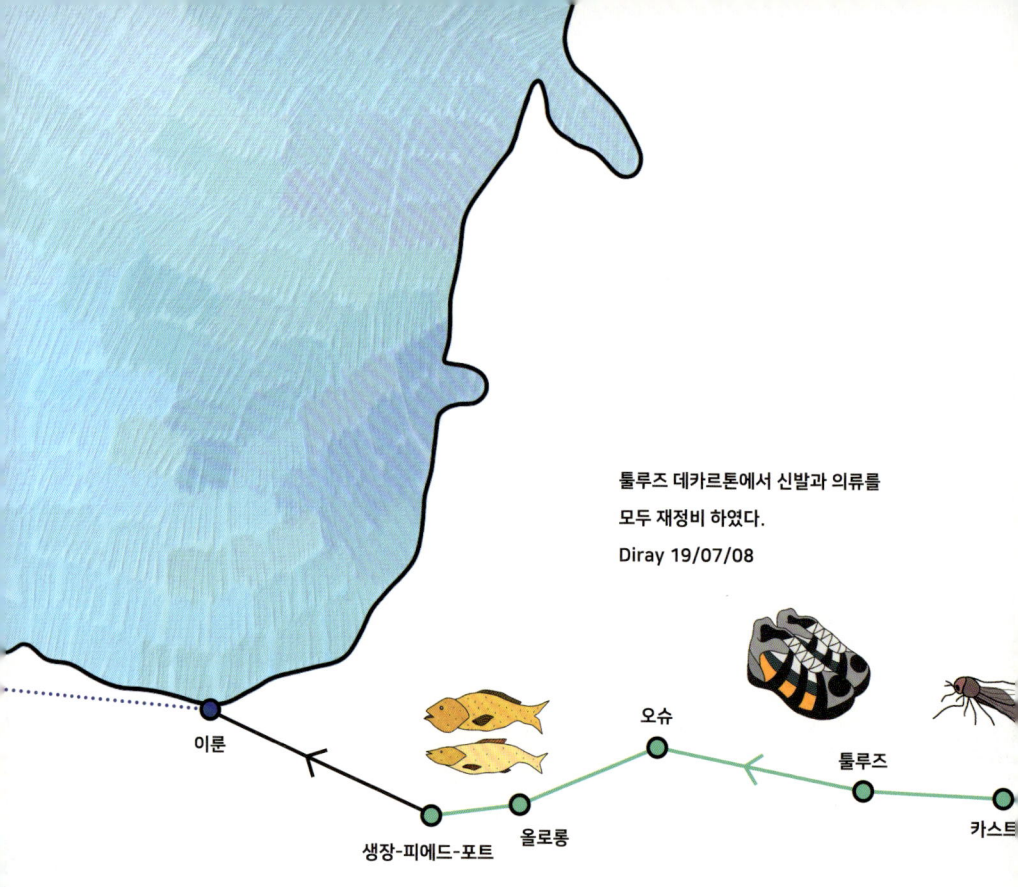

툴루즈 데카르톤에서 신발과 의류를 모두 재정비 하였다.
Diray 19/07/08

2019년 6월 19일 라 로케트 시아그네 도착

2019년 6월 24일 액상 프로방스 도착

2019년 6월 26일 아흘 도착

2019년 7월 1일 로데브 도착

2019년 7월 5일 카스트르 도착

2019년 7월 8일 툴루즈 도착

2019년 7월 14일 올로롱 도착

2019년 7월 19일 이룬 통과

FRANCE

- 🟠 오렐리아 길
- 🟢 톨로사나 길
- ⚫ GR10 길

몽펠리에
아흘
살롱-드-프로방스
액상-프로방스
라-로케트-시아그네
생-라파엘

마땅한 기쁨

진흙길에서 조심해야 할 것은,
늪지대를 피하는 게 아니라,

마땅히 누려야 할
아름다운 순간들을 놓침으로,

길 위에서 마땅히 누려야 할
기쁨들을 누리지 못하는 것이다.

표적:
하나님과
이야기를
쌓아가는 시간

예수께서 대답하여 이르시되
내가 진실로 진실로 너희에게
이르노니 너희가 나를 찾는 것은
표적을 본 까닭이 아니요
떡을 먹고 배부른 까닭이로다
(요 6:26)

빅 트레일의 상징이다. 유럽의 모든 트레일에서 찾아 볼 수 있다.

순례길을 걸을 때면, 수많은 고요하고 황량한 외통수 길들과 마주한다. 이쯤에서 표식이 나와주었으면 하는데, 이정표가 보이지 않아 가슴이 답답해질 때가 많다. 힘든 길일수록, 내가 가는 길에 대한 의심은 더해져만 가고, 잘못된 길로 들어선다면 돌아갈 길 또한 멀어, 표식을 찾는 이의 마음은 어느 때보다 더 날카롭다. 이맘때쯤, 연약한 인간에게 눈에 보이는 확신은 가히 절대적이다.

어떻게 이 길을 걸어가야 할지 모르겠다. 어떤 사진을 찍어야 할지도. 어떤 글을 써야 할지도. 그렇게 길 위에서 형체 없는 불안감만 수북이 쌓여 갔던 날이 바로 오늘이었다. 무기력한 날이었다. 하나님께서 부어주신 모든 은혜에 익숙해져 버렸는지도 모른다. 사막 같은 길 위에서 오아시스 같은 빵집을 찾는 일도. 황량한 순례길 위에서 단비 같은 귀한 새 친구들과 함께하는 시간도. 이 모든 것들에서 감사함이 숨어 버렸다. 눈이 가리어지고, 귀가 어두워지니 오늘 하루 밥 먹을 곳에 목숨을 걸었고, 하루 머리 둘 숙소만을 찾기에 마음이 바빴다. 마치 오늘 하루를 살아 간다는 모습보다는 살아남기 위한 서바이벌 게임을 하는 듯 말이다. 헛된 욕망과 욕심을 채우려는 하루살이 같은 나의 모습은 표적을 이해하지 못하고 주님이 보여주신 이적들만 좇는 자들과 같았다. 몸은 움직이나 영은 죽어있는 좀비와 같은 모습이 바로 나였다.

영이 죽어 있는 자들에게 주님께서 말씀하셨다.
"썩을 양식을 위하여 일하지 말고 영생하도록 하는 양식을 위하여 하라 이 양식은 인자가 너희에게 주리니 인자는 아버지 하나님께서 인치신 자니라 (요 6:27)."

그리고, 말씀을 받은 자들이 주님께 물었다.
"우리가 어떻게 하여야 하나님의 일을 할 수 있나요?"
예수께서 이에 대답하여 이르셨다.
"하나님께서 보내신 이를 믿는 것이 하나님의 일입니다."

매일 아침, 하나님께 무릎 꿇고 새 하루를 선물로 주신 하나님께 기도하는 모습은 이미 먼 옛날이야기가 되어 버린 오늘. 그저 숙소를 나가기 전, 전체 일정에 이상이 없는지 물리적 안전을 체크를 할 뿐이었다. 어느새 하나님의 자리에 구글과 순례길 관련 어플들이 꿰어 차 있었다. 말씀과 기도가 없는 삶은, 그 어떤 화려한 삶도 악취나는 송장 그 이상 그 이하도 아니다. 유일한 생명 되시는 주님이 누구신지 더 분명히 알아가는 길만이 진짜 그리스도인들이 걸어야 할 길임을 잊지 말아야 한다. 입에 감히 담을 수 없이 귀하신 분이 나와 같은 부족한 존재와 함께 길을 걷는다는 기쁨을 어찌 말로 다 표현할 수 있겠는가. 어찌 이와 같은 은혜를 누리는 자의 삶이 무기력할 수 있겠는가. 우리가 지금 내 딛는 발걸음은, 하나님이 누구신지 더 분명히 알 수 있는 기회이자, 우리의 삶에 말씀이 덧입혀져 살아지는 놀라운 은혜의 시간임을 잊지 말아야 한다. 하나님께서 주신 새 하루는, 새 힘으로 채워져, 새 삶을 살아가는 시간이다. 하나님이 함께하신 이야기가 오늘도 숨쉬기를.

    길 위의 싸인이,
    주님을 더욱더 깊이 알아가는 표적으로 보이는가?
    내 필요를 충족시키는 이적으로 보이는가?

인내 또한,
내가 하는 것이
아니었다

내 형제들아 너희가 여러 가지 시험을 당하거든 온전히 기쁘게 여기라 이는 너희 믿음의 시련이 인내를 만들어 내는 줄 너희가 앎이라 인내를 온전히 이루라 이는 너희로 온전하고 구비하여 조금도 부족함이 없게 하려 함이라 (약 1:2-4)

　　　　인내는 훈련의 성과나 훈련을 끝낸 자의 훈장인 줄로만 알았다. 순례길 위에서 온전한 성장이 있길 간절히 바랬다. 슈퍼 까미노인이 되고자 했고, 슈퍼 크리스천이 되고자 했다.

　　　　지난 2년여간의 삶을 되돌아본다. 신학교에 입학하여 풀타임 사역자가 되는 준비과정을 시작하자마자, 하나님께서 마술 봉으로 '뾰로롱' 마법을 부려, 나를 사역에 적합한 인간으로 바꿔주실 줄로만 알았다. 그러나 하나님은 마술사가 아니었다. 그리스도인으로서, 신학생으로서, 그리고 교회 사역자로서 난 늘 부족한 모습뿐이었다. 목회자의 길을 따라가는 분들과의 거리감은 더욱이 커져만 갔고, 그들과 확연히 다른 색온도에 나조차 내가 낯설게만 느껴졌다. 그리고 곧잘, 하나님은 이런 나를 왜 목회자의 길로 이끄시는가? 정말로 그가 나를 이끄신다면, 왜 하루빨리 그 자리에 합당한 모양으로 변화시켜 주시지 않으시는 건가?

　　　　위와 같은 질문들이 나의 마음을 짓누를 때, 이번 산티아고 순례길에 오르게 되었다. 이 길을 통해, 그가 누구신지를 더욱더 분명히 말씀해 주시고, 내가 누구인지 더 선명히 보여 주시기 위한 하나님의 마음을 느꼈기 때문이다. 하나님은 내가 어렸을 적 즐겨 보았던 드래곤볼에 나오는 손오공이 초싸이언이 된다거나, 트랜스포머가 변신 합체하여 더 강한 믿음의 사람이 되는 것과는 근본적으로 달랐다. 하나님이 길 위에서 나를 단련하는 방법은 내 안에 남아있는 불순물들을 계속적으로 보여 주시고, 그것들을 주님 앞에 내려놓게 해주심으로, 그 빈자리를 주님의 능력으로 채움을 받는 은혜들을 경험케 하는 것이었다.

　　　　이탈리아에서는 기록적인 폭우로 로마에서 출발하자마자 일주일여 비가 나를 따라다녔고, 프랑스에서는 100여년 만에 찾아온 섭씨 40도 안팎의 폭염이 나를 괴롭혔다. 또한 길 위에서 야생 멧돼지들과 뱀들과의 조우, 심지어 태풍에 휩쓸려 쓰러진 나무가 외길을 막아선 적도 있었다. 마을 길에서는 사람보다 더 큰 대형견에게 일행이 물린 적도 있었으며, 나의 부주의로 스마트폰을 포함한 필수 기어들을 분실했던 적도 있었다. 예기치 않은 날씨와 상황들을 마주할 때면, 나와 함께 이 길을 걸으시는 주님만을 바라볼 수밖에 없었다. 그리고 매번 비슷한 고백을 하게 되었다.

"주님 저는 아무것도 할 수 없습니다. 하지만, 당신은 모든 것들을 할 수 있으심을 믿습니다. 그리고 그런 당신이 저와 함께 동행하고 있음을 믿습니다."

길 위에서 배우게 된 인내란, 내가 만드는 것도, 반대로 갖게 되는 것도 아니었다. 게다가 외길이었기에 선택의 여지 또한 없었다. 힘들면 힘든대로, 어려우면 어려운대로 앞으로 나아 갈 수 밖에 없었던 것이다. 그리고 그 인내란, 나를 향한 하나님의 인내임을 깨달았다. 그 인내는 온전히 주님께서 이루시는 것이었고, 그 인내로 인해 주님은 나를 어떤 부족함도 없이 가장 좋은 것으로 넘치게 채워 주셨음을 고백한다. 지나온 길들을 뒤돌아보니, 온전히 나의 삶을 통해 드러내신 주님의 인내의 흔적만이 보일 뿐이다. 주님께서 나를 그 어떠한 곳으로 보내시든, 두려워할 게 무엇이 있겠는가. 주님의 시간에 주님이 보시기에 합당한 선교사로 만드실 테고, 그의 마음이 가는 곳에 나를 보내실 터이다. 나를 위해서 그리고 나의 형제들을 위해서, 참 소망이 되시는 주님이 나를 통해 만국의 백성들에게 찾아가는 그날을 꿈꾸며, 오늘도 나의 갈 길을 걷는다.

멧돼지와는 순례길 위에서 두 번 마주쳤다. 이른 아침에 보았던 멧돼지 무리는 나와 눈이 마주치자 일제히 온 가족이 반대 방향으로 도망쳐 달려 나갔다. 본 사진은 언덕 위에서 목을 축이러 시냇가를 찾는 멧돼지 가족을 우연히 발견했다. 조심스레 촬영했지만, 그 미묘했던 긴장감이 아직도 선명히 뇌리에 남아있다. Diary 19/06/21

시험을 참는 자는 복이 있나니
이는 시련을 견디어 낸 자가
주께서 자기를 사랑하는 자들에게
약속하신 생명의 면류관을
얻을 것이기 때문이라 (약 1:12)

폴 세잔:
눈을 뜨다

폴 세잔의 도시, 엑상 프로방스를 지나며, 개인적으로 가장 폴세잔스러운 장면을 한 장 담았다. 나의 유일한 엑상 프로방스 사진이다. Diary 19/06/24

내가 세상에 있는 동안에는 세상의 빛이로라 이 말씀을 하시고 땅에 침을 뱉어 진흙을 이겨 그의 눈에 바르시고 이르시되 실로암 못에 가서 씻으라 하시니 이에 가서 씻고 밝은 눈으로 왔더라 (요 9:5-7)

엑상 프로방스는 입체파의 거장, 피카소가 스승으로 칭송하는 폴 세잔의 도시이다. 입체파란, '각 부분들의 본연 그대로의 특징을 살려 이어 붙인 화파의 이름'이다. 사실주의적 표현 방법과는 대조를 이룬다. 다시 말해, 르네상스 시대 이후 회복된 그리스식 사실주의 표현기법에서 벗어나 이집트 양식 미술로 회귀하는 초입의 화풍이었다. 그리고 격변의 시대 중심에 폴 세잔이 서 있었다.

폴 세잔의 입체주의적 표현 방법은 한 화면에 여러 시점을 겹쳐 주연의 아름다운 외모보다는, 주연의 실제 성격이나 정체성을 드러내는데 목적을 두었다. 개인적으로 폴 세잔의 그림들은 광고적 어그로나 패션잡지에서 볼만한 자극적인 색채나 형태감은 부족해 보인다. 폴 세잔의 그림은 다큐멘터리적 특성이 강하기 때문이다. 반대로, 현대인들에게 좀 더 친근한 피카소는 폴 세잔과 같이 대상의 본질을 탐구하고 표현한 작가지만 다큐멘터리적 스토리 라인에 광고적 표현기법이 덧붙여진 작가라는 표현은 어떨까 싶다. 피카소가 칭송하고 따랐던 폴 세잔은 그의 평생을 대중이 원하는 작품을 만들며 부와 명예에 관심을 갖기보다는 무엇이 사물이나 사람, 자연이 가진 정체성의 근원에 본인의 모든 것을 다 걸어 바친 사람이다.

나의 지난 이십 대를 돌아본다. 내 나이 스물셋, 갓 제대한 나는 1년여간 세계 일주를 떠난다. 다행히도, 오래되지 않아 여행 중 깨닫게 된 것은, '나의 욕심을 채우는 여행에서 남는 건 순간적 쾌락과 오랜 허무함' 뿐이었다는 사실이다. 자연스레 배낭여행을 뒤로하고, 찾게 된 건 바로 '봉사활동'이었다. 동물부터, 고아, 외국인 노동자, 장애우, 한센병 환자 등 단기와 장기 봉사활동들을 기웃대다 학부를 졸업한 스물여섯의 나이에 아이슬란드 NGO에서 사진 프로젝트 담당자로 일을 하게 된다. 하지만, 세상을 변화시키겠다는 일념 하에 남을 위해 살았던 이타주의적 삶에도 이전과 같은 허무함이 예고 없이 찾아왔다. 허우대 멀쩡해 보이는 기관도 죄인인 사람이 만든 곳이었다. 사람 눈에 좋아 보이는 목적으로 뭉친 50여 명의 팀워크였지만 선한 향기를 내뿜기에는 역부족이었다. 본질을 찾는 나의 여정은 계속되었다. 내 나이 스물일곱, 아이슬란드에서 한국에 돌아와 찾아간 곳은 '서헌강 사진 연구소' 였다. 한국인으로서 한국 문화재를 사랑하는 나에게 서헌강 선생님은 사진의 신이었다. 서헌강 사진작가님과 주병수 사진작가님께 1:1 도제 교육을 받으므로 팀에 소속되어 한국 문화재 사진작업을 하게 되었다. 한국인으로서 내외국인에게 진짜 한국을 알리고 싶었던 열정이 가득했던 시절이었다. 외국에서 생활할 때, 내 정체성에 대한 끊이지 않은 궁금증의 표류였을까? 우리나라 한국, 나의 고향 광주, 그리고 나의 성씨 '정'가에 대한 관찰과 사랑이 깊어져 갈수록, 이 세상을 창조하신 창조주에 대한 관심은 더욱더 커져만 갔다. 막다른 길처럼 보였던 길이 이어지고 다시 이어지기를 반복, 지금은 신학을 공부하는 학생이 되어, 본질과 비본질의 씨름 한복판에서 아직도 낑낑대는 중이다.

 빛나는 외모에 현혹되어 진짜인 척하는 가짜에 속고, 흙 묻은 보석을 알아보지 못하고, 구석에 치워두고, 그 가치를 알지 못하고 버리는 경우가 허다하지 않던가. 물건뿐만 아니라 사람도 이와 같다. 적어도 폴 세잔은 감성만을 추구하며, 사실이 아닌 사실을 맹신하는 세대에서 벗어나고자 발버둥 쳤던 작가임을 알기에, 그를 존중하는 마음으로 액상 프로방스를 천천히 지난다.

검은개와 함께 산책하는 백발 노인의 모습이다.
검은개가 백발 노인을 따라 다니는 걸까?
백발 노인이 검은개와 함께 동행해 주는 걸까?

내가
자랑할 것은
단 하나

그러나 내게는 우리 주 예수 그리스도의 십자가 외에 결
코 자랑할 것이 없으니 그리스도로 말미암아 세상이 나를
대하여 십자가에 못 박히고 내가 또한 세상을 대하여 그
러하니라 할례나 무할례가 아무 것도 아니로되 오직 새
로 지으심을 받는 것만이 중요하니라 무릇 이 규례를 행
하는 자에게와 하나님의 이스라엘에게 평강과 긍휼이 있
을지어다 이 후로는 누구든지 나를 괴롭게 하지 말라 내
가 내 몸에 예수의 흔적을 지니고 있노라 형제들아 우리
주 예수 그리스도의 은혜가 너희 심령에 있을지어다 아멘
(갈 6:14-18)

산티아고 순례길에서는 어렵지 않게 성취욕에 불탄 자들을 본다. 남들이 안 해본 것 해보고 싶고, 유명한 하이커가 되고 싶은 사람들을 종종 만났다. 그들 대부분은 부지런하고 다양한 재능을 가진 사람들이었다. 그들의 눈빛에서 사람들에게 사랑받고 싶어하는 결핍을 느꼈다. 조금 더 독창적으로. 조금 더 돋보이게. 그들의 공통된 모토였다. 그들의 자랑은 계속 되었다. 더 크게 자랑하는 이들과의 만남 전까지.

세상에 나를 자랑하기 위해 열심히 살았던 시기가 내게도 있었다. 지금 이 길을 걷고 있는 순간조차도 이 욕심과 싸우고 있는 나를 발견한다. 나는 중고등학교 학창 시절부터 재수까지 약 7년여의 시간을 대입 시험에 올인한 전형적인 수능 준비생으로 살았다. 더욱이 대입 시험까지 연달아 실패로 끝나고 설상가상 지원했던 대학들의 예비번호까지 밀리며, 추가모집으로 집 앞에 위치한 호남대학교 쌍촌캠퍼스 산업디자인학과에 입학을 한다.

하나님을 참으로 원망했었다. 대입 시험 전까지 교회를 단 한 번도 빠지지 않은 나름 개근하며 교회 예배당을 열심히 다녔던 사람이었으며, 성적도 나쁘지 않았고, 부모님 말 잘 듣는 착한 어린이 증후군을 가진 조용한 학생이었다. 하지만, 나의 노력은 흔적도 남기지 않은 채 풍비박산 나버렸다. 나의 전형적인 성공 라이프의 로망이 부스스 너무도 힘 없이 무너져 버린 것이다

마음을 다시 다잡고, 기초공사부터 시작했다. 학창시절, 그림을 좋아하여 각종 미술대회 학교 대표로 참가했었지만, 허준 신드롬으로 한의사를 목표로 공부했었던 터라 대부분의 미대생들이 한 번쯤은 가봤다던 미술학원을 미대에 입학하고 나서야 다니게 되었다. 대학생이 되고서 생긴 목표는 편입 준비였다. 목적은 학벌세탁. 당시, 내게 유일한 동아줄처럼 보였다.

어딜가나, 대학교 초년생인 내게 "어디 학교 다니세요? "라는 질문이

따라다녔고, 내가 그 질문으로부터 피할 길은 없어 보였다. 내가 떳떳하게 호남대생임을 밝히면, 나를 아니꼽게 보는 어르신들의 불편했던 시선이 지금도 생생히 기억난다. 사실, 내가 가고 싶었던 대학을 갔더라면, 그동안 공부했던 점수에 대한 보상을 받았더라면, 나도 그들과 같은 마음을 가졌을지 모른다. 난 두 번의 수능 실패와 함께 더 열심히 살았다. 등교 전 학원가로 유명했던 광주 충장로에 위치한 영어학원을 다녔고, 공강시간에는 헬스장을, 학교 수업이 끝나면 미술학원에 미리 가 선 하나라도 더 그렸으며, 학원수업이 끝나고는 친구들과 술자리를 가볍게 가진 뒤, 야작을 하러 새벽에 다시 학교를 갔다. 주말과 방학 때는 지방에 살아, 미흡했던 문화생활과 트렌디한 디자인들에 익숙해지고 싶어 서울을 비롯한 해외 디자인 도시들을 탐방하는데 나의 모든 에너지를 다 쏟아부었다.

뭔가, 잃어버렸던 희망을 다시금 쥘 것만 같았다. 성적 장학금, 공모전 수상, 그 밖의 대외활동들이 쌓여가니, 자신감과 확신이 붙어갔다. 다시 일어설 수 있을 것 같았다. '명예와, 돈 그리고 예쁜 여자친구' 그 당시 내 머릿속을 채웠던 단어들이었다. 이때였던 것 같다. 그가 내게 말을 걸어오기 시작한 때가. 처음에는 한 단어로 시작했다.

'십자가' 이 단어가 내 머리를 맴돌고, 마치 보이지 않는 공기가 내게 착각을 불러일으킬 만큼, 선명해지고, 자주 들리기 시작했다. 2-3주쯤 지나자, 문장으로 들리기 시작했다.
'네 십자가를 지고 나를 따르라.'

처음에는 이게 무슨 호러물인가 싶었다. 이상한 소리를 계속 듣는 것도 무서웠지만, 난 당시까지 하나님이 내 십자가를 대신 지어주신 줄로만 알았다. 내가 기도도 하지 않았는데, 나를 찾아오신 하나님이 더 이상했다. 그의 일방적인 대화만으로 그가 하나님인지 사탄인지조차 확실치 않았다.

난 그에게 말했다.

"난 지금, 이대로가 좋으니, 다음에 이야기 하자고.
당신 말 알아 들었으니까, 그만 나에게서 떠나라고."

　　　잠잠해지나 싶었다. 한동안은. 그 당시 내가 손에 움켜쥐고 있던 가짜 행복과 기쁨은 아마 백 가지도 넘었을 것이다. 그는 나조차 내가 무엇을 의지하고 있었는지 모를 허망한 욕심들을 하나하나 짚어주시며 왜 잘못되었는지 친절히 알려 주기 시작했다. 두 달여쯤 지났을까? 난 내가 좋아하는 술을 못 마시게 되었다. 결코 안 마시는 게 아니었다. 문자 그대로, '못' 마시게 되었다. 종종 들락거렸던 술집을 가지 못하게 되었고, 정확히 말하자면 좋아했던 술을 한 모금도 마실 수 없게 되었다. 마시면 죽을 것 같았다. 게다가 동창회 모임이 끝나면 으레 가게 되었던 클럽에서도 난 단 10초 조차도 가만히 서 있지를 못했다. 13년이 지난 지금도 그 기억이 눈에 선하다. 살기 위해 그 건물을 뛰쳐 나왔다. 앞에 서 있던 택시를 잡아타 집으로 가는 길, 난 하염없이 울었다. 나의 의도와는 관계없이 죄들에 민감해져 갔다. 백일쯤 지나자, 내가 손에 쥐었던 백 가지의 방법들이 다 무너졌고, 그분은 내가 누구인지 나의 실체를 정확히 보여 주셨다.

　　　난 마치 죽은 바퀴벌레 같았다. 쓰레기 중의 쓰레기, 괴수 중의 괴수, 이 세상에 존재하는 언어로는 감히 담을 수 없을 만큼 무가치한 존재였다. 난 그 자리에 엎드려 펑펑 울었다. 난 결코 누군가로부터 어떠한 사랑도 받을만한 자격이 없었다. 내 안에는 그 어떤 자랑할 것도 있지 않았다. 처음으로 마주한 내 진짜 모습은, 죄 덩어리 그 자체였던 것이다. 그제서야 나의 볼품없는 모습을 변함없이 안아주고 있는 그의 따뜻한 손을 보게 되었다. 캄캄한 절망 속, 한 줄기 빛이 보였다. 그 후, 그 빛과 함께 그리고 그 빛을 향한 여행길에 올랐다.

내가 행한 의가 있다면, 그 모든 것이 다 그로부터 온 것이요. 죄성이 내 삶에서 보이거든, 본디 나의 죄성 때문인지라. 유명해지는 것이 죄가 아니다. 누가 드러나느냐의 문제이다. 성취욕 자체가 죄가 아니다. 어떤 목적이냐의 문제일 것이다. 나 자신이 드러나는 길이 된다면, 똥물을 끼얹는 길이 될 것이요. 나 자신이 죽어가는 길이 된다면, 은혜의 강물 속에서 헤엄치는 길이 될 것이다. 하나님이 아닌 사람에게 사랑을 받는 것, 미안한 말이지만 불가능하다. 하나님과 함께하지 않는 사람들의 사랑은 자기 기준이 우선이기에, 일시적이고, 이기적이다. 그저 다양한 모습과 형태로 변장하고, 변신하여 본인조차 속이기에, 이 같은 불가능한 결과에 일말의 여지도 예외도 없다. 하나님, 오직 그분만이 사랑이시다 (요일 4:8; 16). 다시 말해, 오직 하나님을 통해서만 하나님의 사랑의 면면들이 이 땅 위에 드러난다. 우리가 그분의 사랑이 지나가는 통로임을 항상 기억한다면, 주님 외에 그 어떤 것도 자랑할 수 없을 것이다.

고흐: 그림에 생명을 불어넣다

고흐는 그의 방에서 무엇을 보았고, 어떤 생각을 하였을까? Diary 19/06/26

프랑스 망통에서 시작된 비아 오렐리아스 길이 마무리되고, 비아 톨로사나 길의 시작점 아흘로 들어선다. 아흘에서는 도네이션 숙소로 알려진 빨간 대문집에서 머물기로 했다.

주인장 이름은 에릭. 집 앞에서 채취한 민트와 탄산수 페리에를 섞어 웰컴 음료로 내게 인사한다. 그리고 지하동굴 한켠 아늑한 방으로 나를 인도했다. 내가 머물게 된 방 안 침대 옆에는 해골 모형이 하나 놓여 있었다. 지하동굴을 둘러보니 마치 무덤가 같았다. 예수님의 시체를 세마포로 싸고 장사지낸 곳으로 추정하여 조성한 예루살렘의 무덤 정원과 비슷한 모양새였다. 내가 머물게 될 방과 동굴을 연결시킨 문짝은 안식 후 첫날 새벽에 옮겨진 돌문과도 같았다.

알고보니 빨간 대문집 숙소, 주인장이 운영하는 곳은 테마가 있는 숙소로 유명한 에어비엔비, 이미 여러 지역방송에 출현해 알 만한 사람 다 안다는 나름 '핫플레이스'였다. 그러고 보니 정원 앞에 놓인 나무그루의 나이테를 이용하여 스머프 마을을 꾸며 놓았고, 건물 2층에는 내가 가장 존경하는 예술가, 고흐의 방도 만들어 놓았다.

내가 익히 알고 있던 파란 벽에 노란색 풍미 가득한 방은 아니었다. 하지만, 그가 참고하여 만든 고흐의 방 그림과 싱크로율 90% 이상을 흡족 시켰다. 그와 내가 지금 서 있는 아흘이라는 도시는 고흐의 분신과도 같은 작품들, '별이 빛나는 밤, 밤의 카페 테라스, 고흐의 방, 요양소의 정원 등'이 만들어졌던 도시다. 수 많은 여행객들이 고흐의 흔적들을 경험하기 위해 아흘을 방문할 정도니, 아흘에서 고흐를 빼고 이야기하기는 어렵다.

에릭은 자신이 꾸민 고흐 방을 이용하는 관광객들을 이해하면서도 이해하지 못한다고 내게 핀잔 서린 목소리로 이야기 했다. 고흐를 좋아하는 건 이해가 되지만, 그가 지냈던 곳, 그림을 그렸던 곳에 너무 매몰되어 있지 않느냐는 것이 에릭의 요지였다. 에릭의 눈에 자신의 투숙객들(특히, 고흐의 방을 이용하는)은 항상 바빠 보였다. 고흐의 뒤를 쫓느라. 그리고 고흐 팔로워들(대부분 아시아에서 온 여성분들)은 하나같이 인증사진에 목숨을 걸었다고 한다. 마치 아이돌 스타를 쫓아 사는 열성팬의 모습처럼 말이다. 물론, 그런 사람들이 있기에 에릭 자신이 먹고 산다는 웃픈 미소와 함께 고흐 방에서 나눈 고흐에 대한 대화는 이렇게 매듭을 지었다.

　　사람들이 고흐를 좋아하는 이유는 다양할 것이다. 그의 진득한 화풍이 좋아서, 그의 시선이 향했던 곳이 가난한 자, 과부, 자연 그리고 하나님의 마음이었기에, 그가 말해주는 메시지가 좋아서, 미스터리로 가득 찬 삶을 살았던 사람이기 때문에 등등, 이 지면에 가득 채워도 못다 할 이야기들이 그를 따라다닌다. 하지만, 고흐를 정말 좋아하는 사람이라면, 고흐가 그의 그림에서 말하고자 하는 뜻이 어떤 뿌리에서 나왔는지? 그리고 각자가 서 있는 자리에서 어떻게 고흐의 삶을 닮아 살 수 있는가? 에 대한 고찰과 싸움이 있지 않겠는가. 적어도 자신의 모습에 하나님이 가려지는 웃픈 현실은 상상도 못했을 것이다. 고흐는 생명이 어디에서 출발했고 어디로 향해 가는지를 명확히 깨달은 사람이었다. 그는 자신이 이 땅에서 무슨 일을 해야 하는지 확신하는 사람이었고, 그림이 자신이 표현하고자 하는 것을 가장 잘 드러낼 수 있는 도구이자 언어임을 알고 있는 사람이었다. 다시 말해, 그림으로 복음을 이야기 하고 싶은 열정으로 휩싸인 삶을 그는 평생토록 살았다. 그것이 고흐가 우리에게 말하는 생명력 있는 삶이다.

고흐를 진정 좋아하는가?
고흐와 같은 삶을 살고 싶어 하는가?
당신의 언어는 무엇이고,
무슨 말을 하고 싶은가?

아흘에서 출발하는 툴로사나 길 주변에는 해바라기 밭이 즐비했다. Diary 19/06/27

생명이란 이름이 쓰였지만,
내용물이 없어 겉만 번지르르한 포장지를 받고
그 누가 기뻐하겠는가?

죽은 껍데기를 벗고,
생명의 부활을 꿈꾸며,
새 무덤가에서 새로운 잠을 청한다.

형체 없는 무서움

지도를 이리 보고 저리 보아도 외통수다. 이 길 뿐이다. 500미터 전방에서 울리는 수 마리의 대형견 목소리에 나는 공포에 사로잡혔다. 들판에 둘러 쌓여 형체가 보이지 않는 두려움과 나는 차도를 사이로 조용히 대치중이었다. 그렇게 한 10여분쯤 지났을까?

'봉쥬르' 인사를 하며 할머니 한 분이 지나간다. 마침 나와 같은 방향이다. 이때다 싶어, 할머니 뒤를 졸졸 따라갔다. 사나운 개들의 짖는 소리가 온 몸을 휘감았다. 개 짖는 소리를 무서워 하는 내게 할머니가 덤덤하게 말씀하셨다.

"철창 안에 갇힌 개들이니 두려워 마세요."

정말로 길 옆에는 십여 개의 철창에 갇힌 수십 마리의 대형견들이 나와 할머니를 향해 짖어댔다. 하지만, 철창 안에 있는 개들의 위협은 할머니와 내게 어떠한 효력도 없었다. 보이지 않는 길에 대한 두려움이 만든 공포는 그렇게 사라져갔다.

 ## 순례자란: 비움의 정석

내가 궁핍하므로 말하는 것이 아니니라 어떠한 형편에든지 나는 자족하기를 배웠노니 나는 비천에 처할 줄도 알고 풍부에 처할 줄도 알아 모든 일 곧 배부름과 배고픔과 풍부와 궁핍에도 처할 줄 아는 일체의 비결을 배웠노라 내게 능력 주시는 자 안에서 내가 모든 것을 할 수 있느니라 (빌 4:11-13)

나쎄라 플래이스 2층 내벽.
미완성이라 더 생생하게 느껴진다.
Diary 19/07/01

로데브(Lodeve)라는 이름의 도시 초입, 아흘에서 만난 인연, 에릭을 통해 소개받은 곳이 있다. 이름은 '나쎄라 플레이스.' 에릭 하우스에서 만난 이탈리아 청년, 안드레와 함께 그곳을 찾았다. 주소지에 적혀진 곳은, 빈민가에 위치해 있었고, 창문과 대문은 모두 다 개방되어 있었다. 묘한 분위기가 감지되자, 나도 모르게 본능적으로 손에 쥐고 있던 카메라를 배낭 속에 쏙 집어 넣었다.

에릭이 친히 써준 핸드메이드 초대장은 금방이라도 쓰러질 것 같은 이층집으로 들어가는 통행권 역할을 하였다. 집주인, 나쎄라로부터 오늘 머물게 될 방을 소개 받았다. 지하는 나쎄라 모자가 사용하는 중이었고, 1층은 부엌, 2층은 손님방으로 구성되어 있었다. 내부는 페인트가 덜 칠해진 건설 현장을 방불케 했다. 더덕더덕 붙어진 콘크리트는 사포질 조차 제대로 되지 않았고, 미리 받아 놓은 물에 바가지로 퍼서 수동식 샤워를 할 수 있었다. 게다가 그 옆에 수동식 변기가 귀엽게 얼굴을 내밀고 있었다. 예전, 동아프리카 여행 시 종종 보았던 가택 건물의 모습이었다. 하지만, 서유럽에서 이와 같은 곳을 보게 될 줄 몰랐고, 이곳에서 하룻밤을 보낼 줄을 정말 꿈에도 생각을 못했다. 나의 동행자, 안드레는 오늘의 숙소가, '진짜 순례자의 집'이라며 감격에 겨워했다. 아마도 안드레는 나쎄라에게서 자신과 케미가 잘 맞았던 '에릭'과 비슷한 색깔의 사람임을 느꼈기 때문일 것이다. 우리는 영광스럽게도? 이 특별한 숙소에서 자게 된 8번째 그리고 9번째 사람이 되었다. 나쎄라를 우리에게 소개해준 에릭은 지난주에 2박을 머무르며 숙소 운영에 대한 실질적인 영업 스킬과 인생의 새로운 여행길에 들어선 나쎄라를 격려하고자 찾았다고 한다. 참으로 에릭다운 방문이었다.

나쎄라와 그의 조카가 동네 개울가로 산책 간다길래, 딱히 할 일도 없고 해서 함께 동행했다. 숲풀로 우거져 가는 길이 쉽지만은 않았다. 하지만, 덤불 숲을 지나니 인적이 드문 탁 트인 비밀스런 공간이 나타났다. 그곳은 나쎄라가 매일 샤워를 하는 공간이었다. 그는 수도세를 절약하는 방법으로 집에서 걸어서 5분 거리인 이곳을 찾는다고 했다. 물놀이를 하다 보니, 해도 기웃기웃대고 배는 고프다. 다행히 배고픈 건 나뿐만이 아니었다. 나쎄라가 눈치 있게 나와 안드레에게 저녁 계획이 없으면 함께 먹자며, 우리를 그의 가족과의 식사 자리에 초대했다. 저녁은 녹색과 빨간색의 조화가 돋보인 야채 파스타였다. 그의 요리실력 덕분이었는지, 신선한 재료덕분이었는지, 파스타 면발 하나 남기지 않고 깨끗이 해치웠다. 그가 집 근처에서 따온 야생초로 끓인 차를 마시는 찰나, 동네 빵집을 하는 주민이 갓 구워온 빵을 건넨다. 오늘 밤의 디저트는 빵이다. 전기 대신에 촛불을, 수도 대신에 시냇물을, 야생초로 차와 음식을, 이것이 나쎄라가 사는 방식이었다.

   나쎄라는 불과 한 달여 전까지만 해도, 우리와 같은 순례자였다고 했다. 그의 짐은 지팡이, 해먹, 그리고 빈 주머니가 전부였던 미니멀리스트의 무전여행이었다. 베니스에서 걸어온 안드레와 로마에서 걸어온 나였지만 선배 순례자이자 그의 도인적인 발걸음에 절로 고개가 숙여졌다. 그는 길을 걷다 배고플 때면 지나가는 과일가게 사장님께 다음과 같이 종종 여쭙는다고 했다. "지나가는 순례자인데 토마토 하나 얻을 수 있겠습니까?" 신기하게도, 대부분의 사람들이 좋은 마음으로 과일이나 채소를 나눠 주었다고 한다. 그의 특별할 것 없어 보이는 담대한 행동은, 겸허히 자기의 가진 것 없음을 인정하고 여러 모양으로 채워주실 신의 은혜를 믿는 삶에서 나오는 것이다.

   그렇게 프랑스에서 순례자로 걷고 걷다가 로데브라는 도시를 지나가게 되었고, 잠깐 머물면서 알게 된 분이 나쎄라에게 지금 우리가 머물고 있는 건물을 그에게 선물로 주었다고 한다. 예기치 않게, 그는 걸어가는 순례자에서 머무는 순례자로 살게 되었다.

   타오르는 양초 앞, 탁자에 노트를 편다. 아무 말 없이, 나의 편견과 아집을 꾹꾹 눌러 담아 지우고 지웠다. 그리고 그 빈자리에, 사랑이라는 단어를 쓰고 또 쓴다. 촛불 하나가 밝히는 세상은 참 아름다웠기에.

수영장 옆 조용한 알베르게에서 한 명의 프랑스 친구를 만났다. 이름은 레아, 그녀는 숙소 주인의 딸이었다. 한국인이 숙소에 왔다는 소식에 반가운 얼굴로 나를 찾아왔다. 그리고 난 샤워도 못한 채 40여 분 동안 프랑스에서 한국 가수 BTS에 대해 강의 아닌 강의를 듣게 되었다. 레아의 모든 대화는 BTS에서 시작해서 BTS로 끝났다. 그녀가 왜 이 그룹을 좋아하고, BTS가 다른 가수들과 어떻게 다른지를 물으니, 그녀는 'BTS의 태도'를 1순위로 뽑았다. 그들의 노래와 춤 실력도 훌륭하지만, 가수보다는 인간으로서 가지고 있는 상대방에 대한 예의와 겸손한 태도를 사랑한다고 말했다.

BTS 그룹 안에서, 영어를 잘하는 멤버도 있지만, 그렇지 않은 멤버들도 있다고 한다. 그들은 국제적인 가수이기에 세계 곳곳에서 대형 콘서트들을 진행하는데, 각 나라 콘서트장에서 각 나라의 언어를 숙지하고 참여한다고. 레아는 그 나라 언어로 하는 소통은, 사람들을 사랑하고 존중하는 마음이 없이는 불가능하다고 말했다.

난 그녀가 좋아하는 가수와 같은 국적을 지닌 사람인 것만으로 그녀에겐 반가움의 대상이었고 호감의 대상이 되어 있었다. 누군가를 만날 때, 난 그녀처럼 예수님을 소개할 마음의 준비가 되어 있는가? 나는 예수님을 그녀처럼 미치게 좋아하고 있는가? 난 예수님밖에 소개할 수 없는 사람인가?

카메라가 내 손에 항상 붙어 있었지만, 순례길을 걸으며 한 장도 찍지 못한 날들도 종종 있었다. 교회와 도시의 역사, 그리고 미술사를 돌아보며 지냈던 내 관심사들이 지금은 온데간데 없이 사라져 버렸다. 로마에서 산티아고로 가는 동안 수많은 예술가들의 고향과 그들이 사랑했던 도시들을 지나갔지만, 관심이 예전 같지 않다.

내가 혹시, 놓쳤던 것은 없었던가? 잠자리에 들기 전, 같은 숙소를 쓰는 한 순례객과 대화를 나눴다. 연배가 지긋한 프랑스인 순례자였다. 방학 때마다, 걷지 않은 순례길을 천천히 걷는다는 그분은, 내게 다음과 같은 조언과 함께 격려하셨다.

"지금 당신의 무드가 영적인 여행에 고정이 되어 있기에, 다른 것들이 눈에 들어오지 않는 것은 너무도 당연한 이야기입니다. 사랑하는 사람이 눈 앞에 있는데, 다른 데 시선을 뺏길 수 있겠어요? 제가 봤을 때, 개인적으로 당신의 상태는 아주 건강한 것 같으니 걱정 마세요. 다양한 것들을 경험함으로써 오는 성장도 있지만, 선택과 집중을 통해 얻는 성장의 깊이는 또 다르다고 봅니다. 지금의 당신처럼 오래 걸으면서 길 위에서 천천히 묵상, 성찰, 그리고 관찰을 하세요. 무리하게 걷는 날도, 조금 걷는 날도, 종종 완전히 쉬는 날을 만들며 하루하루 최선을 다해 살다 보면, 이 여행의 숨겨진 진짜 메세지를 발견할 수 있을 거라 전 믿어요."

내 안의 무드가 천천히 바뀌어 가고 있다. 하지만, 레아가 BTS를 사랑하듯이 예수님을 사랑하기에는 아직도 갈 길이 까마득하다.

🐚 교회와 교회가
　　이어져 길이 되었네

너희는 사도들과 선지자들의 터 위에 세우심을 입은 자라 그리스도 예수께서 친히 모퉁잇돌이 되셨느니라. 그의 안에서 건물마다 서로 연결하여 주 안에서 성전이 되어 가고 너희도 성령 안에서 하나님이 거하실 처소가 되기 위하여 그리스도 예수 안에서 함께 지어져 가느니라 (엡 2:20-22)

복음을 전하는 자와, 복음을 들은 자가 만나는 곳에 교회가 생기기 시작했다. 이 교회와 저 교회가 이어져 길이 만들어졌고, 수많은 신앙의 선배들이 저마다의 순례길을 걸었다.

길 위에 수많은 점들이 있다. 점과 점 사이에 길이 너무 멀어 그 길을 걷다 포기하는 순례자들이 생기기도 한다. 길 위, 자신의 자리를 지킨다는 것은 사람들을 위로해 주는 일이며, 손을 잡아 일으켜 세워주고, 존중하는 마음으로 아껴주고, 사랑으로 힘을 주는 일이다.

숙소 주인 내외가 '비보'를 외친다. 전방 30km 지점, 단 하나의 알베르게가 한시적으로 문을 닫았다는 것이다. 다음 마을에 있는 순례자 숙소는 50km를 넘게 걸어야 한다. 나는 이탈리아 북부로 들어서면서 50km 거리를 제법 걸었던 경험도 있고, 몸 상태도 좋았기에, 이틀 코스인 54km 구간을 한 번에 걷기로 결정했다. 하지만, 나와 같은 숙소에 머물고 있던 프랑스 선원 아저씨는 얼굴색이 흙빛이다. 50km 넘는 거리에 고개를 절레절레 흔드신다. 숙소 주인 내외가 사정을 알고 자기일처럼 선원 아저씨를 도와드렸다. 전화기를 붙잡고 진땀을 빼시며 근방에 있는 모든 숙소를 확인하신다. 해가 떨어지기 전, 순례길에서 2km 벗어난 사설 숙소 사장님과 가까스로 연락이 닿았다. 총 29km 나쁘지 않은 거리다. 그제서야, 숙소 주인네도, 선원 아저씨도, 옆에서 애타게 마음 졸이던 나도 얼굴에 화색을 되찾았다. 산티아고 순례길을 여러 모양으로 지키고 사랑하는 사람들이 있었기에 1000년이 넘는 시간 동안 이 길이 살아 있을 수 있지 않았을까?

자신의 자리를 안다는 것.
그리고, 그 자리를 지킨다는 것.

얼마나 놀랍고, 소중한 일인가.
오늘도 난 아버지께 묻는다.

지금 이 순간 내가 있어야 할
자리는 어디입니까?

난 그것들을 지키기 위한
씨름을 하고 있습니까?

혹, 내 욕심을 쌓아가는
싸움을 하고 있지는 않습니까?

온종일 비가 내린 하루였다. 그 덕에 투명한 거미줄에 물방울이 송골송골 맺혀 선명하게 드러났다. 내게 이날 거미줄은, 서로가 서로를 이어주고 지탱해 주는 모습. 교회 된 자, 예수님의 몸 된 자의 모습이었다. Diary 19/07/05

겉모습은 멈춰서 있는 듯 보이지만, 썩지 않는 이유는 물 깊은 곳에서 끊임없이 더 낮은 곳으로 움직이고 있기 때문이다. Diary 19/07/08

 물길

물의 속도와
나의 걸음속도가 비슷하다.

툴루즈 가는 길,
온종일 강둑을 따라 걷게 된다.

하나님께서 원하시는 곳으로
향하는 강줄기가 되어

기쁨을 누리고,
그 안에 생명을
나눠주는 삶을 살 수 있길.

흐르지 않는 물은
죽음만을 몰고 오기에.

🐚 **도시와 마을의 역할**

　　　　순례길은 주로 작은 마을들을 지나가지만, 종종 시에나와 제노바와 같은 대도시 또한 함께 어우러져 있다. 순례객의 하루는 가벼운 행랑 사정과 오묘한 조화를 이루는 단조로운 일상의 연속이었다. 아침은 카푸치노 혹은 라떼 한잔과 함께 달달한 크림빵이나 갓구운 크로아상으로 시작 한다. 점심은 주로 현지 레스토랑이나 빵집에서 배를 채웠고, 저녁은 숙소에서 간단한 조리로 한 끼를 해결했다.

간혹 규모가 제법 있는 도시를 지날 때면, 스시 뷔페를 공략했다. 이탈리아에서는 10유로에서 13유로, 프랑스는 15유로 안팎으로 가격이 형성되어 있었다(한국이나 미국에서는 상상도 못할 가격이 아니던가). 스페인 순례길에서 종종 먹었던 순례자 메뉴와 비슷하거나 조금 더 나가는 가격이었지만 질적으로 괜찮은 스시를 양껏 먹을 수 있었기에 가성비로 따지면 더운 여름날 이만큼 몸보신하기 좋은 게 또 없었다.

그리고 대도시 곳곳에 아시아 마켓이 있어서 순례길과 동선이 겹칠 때는 배낭에 두어 개의 한국 라면을 사서 저장 해 놓았다. 배낭 무게에 큰 변화가 없으면서 쌀밥과 함께 먹으면 훌륭한 저녁 한 끼가 되기 때문이었다. 대형마트에서는 탄산수와 땅콩과 같은 견과류를 꼭 채워 놓는다. 동네 슈퍼에서는 보기 힘들지만 간혹 보이더라도 가격 차이가 크기 때문이다. 소도시는 마을 중앙에 동네를 대표하는 레스토랑 하나 우뚝 서 있는 경우가 다반사다. 마을이 더 작은 경우에는 심지어 빵집 조차 없음을 종종 경험했다.

반대로, 인구밀도가 높으면 면적대비 이용수가 많아지기에 달갑지 않은 소음과 공해에 노출되어 보이지 않는 피로도가 빠르게 쌓인다. 하지만, 대도시는 대도시만이 누릴 수 있는 다양성과 혜택들이 존재한다. 대도시가 만들어지는 요인에는 수만 가지의 이유가 있겠지만, 대표적으로 경제적 지리적 이점을 누리는 경우가 많다. 대도시에는 다양한 시장이 형성되어 있어 각기 다른 색깔의 소비계층 모두가 만족할 수 있는 구조를 가지고 있다. 다양한 사람들뿐만 아니라, 다양한 상품들을 만날 수 있기 때문이다. 대도시는 그 주변으로 건강한 위성도시 또한 만들 수 있는 잠재력을 가지고 있기에, 주거지역의 개발과 녹지공간을 증폭시켜 주변 환경을 보호 관리 또는 발전시킬 수 있는 기회와 가능성들이 무한히 열려 있다.

지역교회는 어떠한가? 대형교회는 이 땅에서 사라져야만 하는 악의 축인가? 지난 역사 속, 대형교회의 만행들은 결코 지워지지 않을 것이다. 하지만,

비교적 소규모 교회에서 벌어졌다면 소란스럽지 않을 일들이, 유독 대형교회에서는 소리가 요란하다. '덜' 죄인과 '더' 죄인이 서로 손가락질을 하며 누구의 죄가 더 큰가를 따지는 것만큼 어리석은 일이 또 있을까? 바른 말씀을 선포하고 말씀 안에서 죄를 비추어, 모든 성도를 회개케 하고, 주님께로 시선을 돌이키는 일이 교회가 감당 해야 할 가장 주된 일이 아니겠는가. 교회가 가진 가장 기본적이고 중요한 역할은 주님이 누구신지 분명히 가르치고, 알아가고 또 살아가는 것이 아니겠는가. 그렇다면, 소그룹 모임만이 가장 성경적인 제자 양육 방법인가? 세상 모든 교회는 소형사이즈를 유지해야 정답 속에 있는 것인가? 이 세상에 모든 부자는 악하고, 모든 가난한 자들은 선한 것인가?

이런 이분법적 생각이 내 머리에도 오랫동안 똬리를 틀었던 적이 있었다. 2018년 12월 어바나 컨퍼런스(Urbana conference)에 다녀오기 전까지 말이다. 미국 미주리주 세인트루이스에서 3년마다 4박 4일 일정의 기독학생선교대회를 연다. 당시 내게 가장 인상 깊었던 시간은 매일 아침 100-300여 명의 규모로 열린 대규모 성경공부 시간이었다. 이제껏, 개혁주의 교회에서 10여 명 정도의 소그룹 나눔에만 익숙했던 내게 기대 반 걱정 반으로 참여했던 시간이었다. 1만여 명의 참여자들이 수십 개의 그룹으로 나뉬었다. 물론 모든 이의 의무적 참여로 이루어지지 않았기 때문에 1만 3천여 명이나 되는 참석자 모두가 성경 공부를 하지는 않았다 (프로그램 진행 관계자에 따르면, 대략 2-3천 명이 넘는 수가 참여했을 거라 한다). 성경 공부를 인도하는 진행자는 한 시간 정도 되는 시간을 크게 세 개의 시간대로 나누었다. 첫째, 개인적으로 성경 말씀을 묵상하는 시간. 둘째, 두 명이나 세 명씩 짝을 이루어, 미리 준비된 질문에 대한 생각을 나누는 시간. 셋째, 각 그룹의 대표를 통해 전체 그룹과 공유하는 시간. 그렇게 세계 각지에서 온 다양한 연령대의 참여자들은 주어진 한 시간의 시간동안 다양한 생각들을 나누었다. 그러자 내 머릿속 어두웠던 공간들에 불이 하나씩 켜지기 시작했다. 충분한 수의 목사와 교사가 있다면, 일만 명이 넘는 사람의 수도 건강하게 제자양육 훈련을 받을 수 있구나. 오히려, 다양성이라는 장점으로 외골수적인 생각들을 바로 잡아줄 수 있는 강점이 있겠구나 싶었다. 다만, 건강한 훈련을 받은 능숙한 리더들이 많이 필요했다. 예를 들어, 100-300여 명이 있는 공간에, 10여 명이 넘는 스텝들이 울타리가 되어주어 호기심 많은 양들이 길을 잃지 않게 면밀히 보살펴 주었다.

    어바나 컨퍼런스는 다양한 전문직들이 대거 참여하는 종합예술축제의 장이기도 하다. 찬양사역자들뿐만 아니라, 무대공연 디자인, 영상디자인, 시각디자인, 공간디자인, 사진, 스토리텔러, 강연가, 목회자, 선교사, 문화사역자, 행정 및 회계, 교사 등이 한 마음으로 하나의 주제를 완성시킨다. 다양한 색깔들이 뿜어져

나오는 모든 걸 포스트 모더니즘의 산물이라 치부했던 나의 어리석은 판단에 경종을 울린 시간이었다.

    지구촌 모든 사람들이
    말씀 안에서 모여
    선명한 무지갯빛을 낼
    그날을 기대한다.

    나의 모든 인생 길 위에서도.
    우리의 모든 사역 가운데에서도.

오병이어

현지에서
낚시로 갓 잡아 올린
물고기 두 마리
Diary 19/07/15

여기 한 아이가 있어 보리떡 다섯 개와 물고기 두 마리를 가지고 있나이다 그러나 그것이 이 많은 사람에게 얼마나 되겠사옵니까. 예수께서 이르시되 이 사람들로 앉게 하라 하시니 그 곳에 잔디가 많은지라 사람들이 앉으니 수가 오천 명쯤 되더라. 예수께서 떡을 가져 축사하신 후에 앉아 있는 자들에게 나눠 주시고 물고기도 그렇게 그들의 원대로 주시니라 (요 6:9-11)

　　　　토마토 파스타와 올리브유 가득한 샐러드, 그리고 휴대용 낚시대를 가지고 다니시는 한 순례객의 배려로 오늘 갓 잡은 물고기 두 마리로 따뜻한 밥 한 끼를 대접받게 되었다. 한 명, 두 명 순례객들이 모이니 모두 일곱 명이 되었다. 이들 모두가 한 식탁에 둘러 앉는다.

　　　　오천 명이 아닌, 일곱 명에게도 턱없이 부족한 물고기 두 마리였다. 하지만 누군가에게 전부였던 귀한 한 끼 식사가 동양에서 온 한 이방인의 접시에 놓이게 되었다. 아마도, 내가 이들 중 가장 어린 순례자였기 때문이었을 것이다. 누군가는 디저트를 나누었고, 누군가는 통조림을 나누었으며, 또 다른 누군가는 순례길 안에서 경험했던 에피소드들을 나누었다. 자발적인 설거지와 뒷정리는 덤이 되었다. 물고기 두 마리가 가져온 풍요로운 저녁이었다.

순례길 위에서, 갑작스럽게 찾아오는 수많은 어려움들을 통해 하나님이 내 안에 살아계심을 계속적으로 경험하고 있는 중이다. 매 끼니마다 잊지 않고, 만나를 준비해주시는 하나님, 그리고 구름기둥과 불기둥으로 안전하게 나를 보호하시며 인도해주시는 하나님. 이 곳에서는 매일이 오병이어 식사의 연속이었다.

"네 하나님 여호와께서 이 사십 년동안에 네게 광야 길을 걷게 하신 것을 기억하라 이는 너를 낮추시며 너를 시험하사 네 마음이 어떠한지 그 명령을 지키는지 지키지 않는지 알려 하심이라. 너를 낮추시며 너를 주리게 하시며 또 너도 알지 못하며 네 조상들도 알지 못하던 만나를 네게 먹이신 것은 사람이 떡으로만 사는 것이 아니요 여호와의 입에서 나오는 모든 말씀으로 사는 줄을 네가 알게 하려 하심이니라 (신 8:2-3)."

험준하지만 아름다운 산세로 프랑스 현지에서 호평이 난 GR 10. 본 사진은 생장에서 비다라이로 가는 길이다. 순례자들을 보긴 힘들지만 하이커들로 북새통을 이루는 곳이다. 숙소 예약 필수, 소와 말 그리고 양의 분뇨 조심. Diary 19/07/17

🐚 판단: 구약과 신약 사이

비판을 받지 아니하려거든 비판하지 말라 너희가 비판하는 그 비판으로 너희가 비판을 받을 것이요 너희가 헤아리는 그 헤아림으로 너희가 헤아림을 받을 것이니라 어찌하여 형제의 눈 속에 있는 티는 보고 네 눈 속에 있는 들보는 깨닫지 못하느냐 (마 7:1-3)

산티아고 순례길을 크게 두 가지 길로 나누면, 까미노가 표시된 길과 그렇지 않은 길로 나눌 수 있다. 사람들은 판단한다. 지정된 까미노 길만을 걷는 자와, 까미노 길에 매이지 않고 자유롭게 걷는 자 중에서. 또 온전히 걸어서 이동했는지 혹은 다른 교통수단을 이용했는지에 대해서. 각자의 목적이 다르기에 서로의 기준으로 남들을 재단한다. 교회에서도 이런 비슷한 판단들이 얼마나 난무하는가.

오후 2시반, GR10(산악길)에서 차도로 나왔다. 생장(St Jean Pied de Port)에서 비다하이(Bidarray)로 가는 중간지점 되는 마을에 12시 20분에 도착하여, 점심을 먹고 1시 반에 길을 다시 나섰다. 허나 먼가 이상하다. 중간 마을에서 비다하이까지, 가지고 있는 정보로는 10km 정도 남았지만, 그건 직진거리였고, GR10 실제거리로는 16km. 부지런히 걸어도 5-6시간은 걸리고, 난 이미 5시간을 넘게 1000m가 넘는 봉우리를 오르락내리락 했기에 힘이 빠진 상태였다. GR10을 이용해서 내가 비다하이에 예약한 숙소까지 산길을 이용해서 가는 건, 불가능한 상황이다.

그래서 구글 지도를 통해 다른 샛길을 알아냈고, 최대한 안전한 숲길과 마을 길을 합하여 길을 개척하여 나갔다. 혹자(율법주의자)는 말할 것이다. 까미노 길에서 벗어나는 것은 반칙이며, 순례자의 올바른 태도가 아니라고.

산티아고 길을 걷는 많은 순례자들이 까미노 길을 신성시한다. 그래서 길 안에는 많은 법칙들이 존재한다. 그리고 시간이 지날수록 법칙들의 종류는 더 다양해져간다. 마치 구약시대에 하나님께서 모세를 통해 이스라엘 백성들에게 주신 613개의 율법에 율법자들이 변하는 상황과 자신들의 철학을 기준 삼아 수천 개, 수만 개의 법칙들이 꼬리를 물어 이어져 덧붙여져온 것과 다를 바가 없다. 심지어, 그 가치에 대해 거품이 쌓여있는 것 또한 그 누구도 부인할 수 없는 사실이다. 최대한 차도를 피하고, 전문 등산인들이 오가는 등산로를 피해 트레일을 조성

했기에, 어린아이부터, 70-80대 할머니, 할아버지까지 다양한 연령의 사람들에게 비교적 낮은 문턱을 가진 길이다. 그래서 지금까지도 두꺼운 팬덤층을 형성하며, 전 세계인에게 사랑을 받고 있는 것이다.

이탈리아에서 프랑스로 넘어오면서, 2000-3000km를 넘게 걷는 자들을 종종 만나게 되었다. 그들 중 대부분은 순례자의 본향에서 떠나온 사람들이었다. 그들이 걷는 길은 순례길을 걷는 다른 순례자들과 달랐다. 그들은 마치 모든 길을 자기만의 길로 바꾸는 창조적인 능력을 가진 자들처럼 보였다. 그들의 모습이 내게도 있는지는 모르겠다. 이 길을 걷는 목적이 무엇인가? 노란 화살표를 따라 완주하여 순례 증서를 받는 것인가? 길을 걷는 매 순간 하나님의 은혜와 사랑을 체험하며, 만나는 모든 이들에게 하나님을 증거하는 증인 된 삶을 사는 것인가? 까미노의 진짜 길은 노란 표지판에 있는 것이 아니라, 이 세상 유일한 길, 예수님을 바라보는 길뿐임을 난 믿는다. 노란 표지판은, 초등교사요. 예수님의 길은, 하나님의 의를 온전히 누리는 길이다 (롬 2:20; 3:22).

이른 아침 GR 10 길목에서 바라 본 생장의 모습

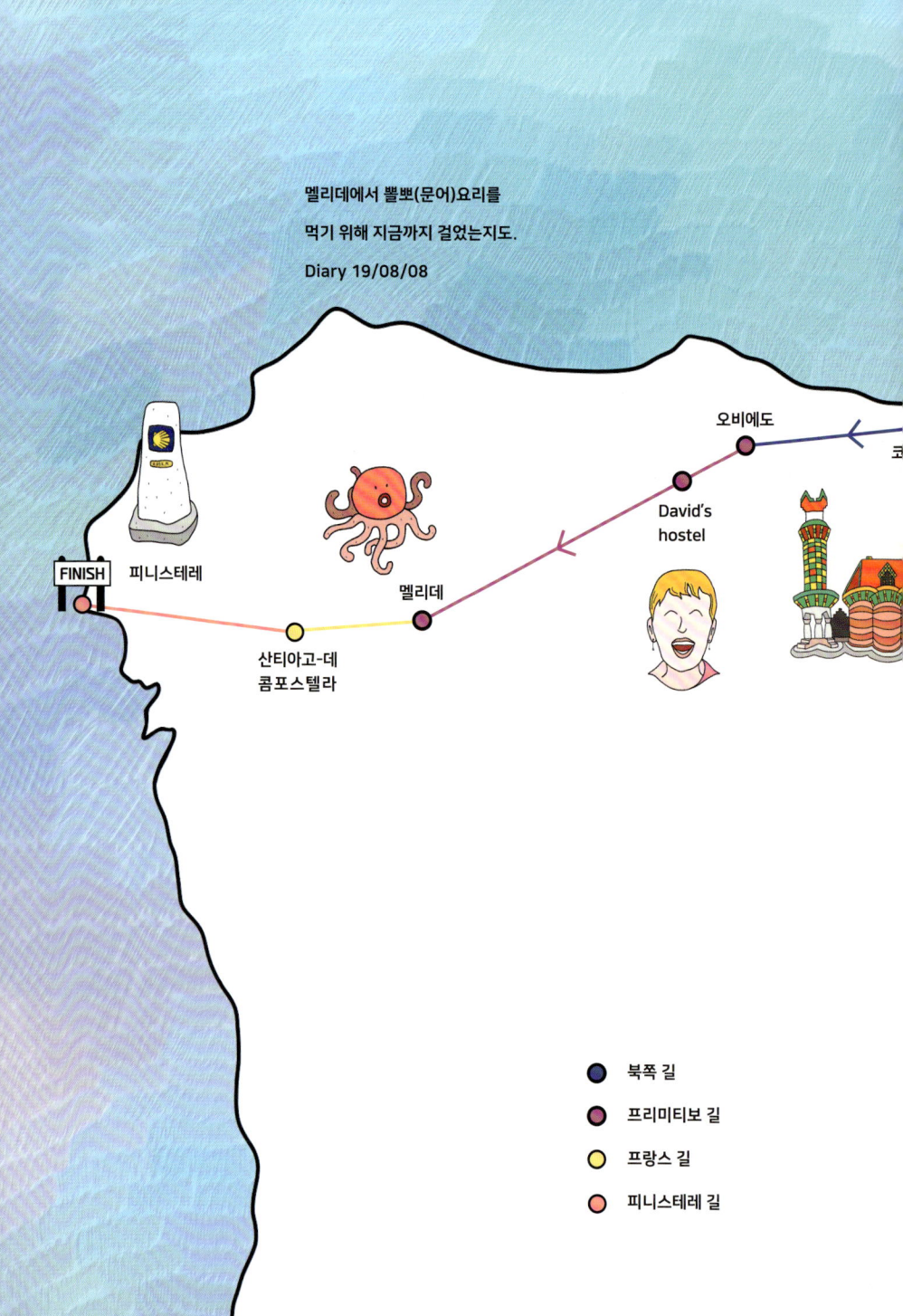

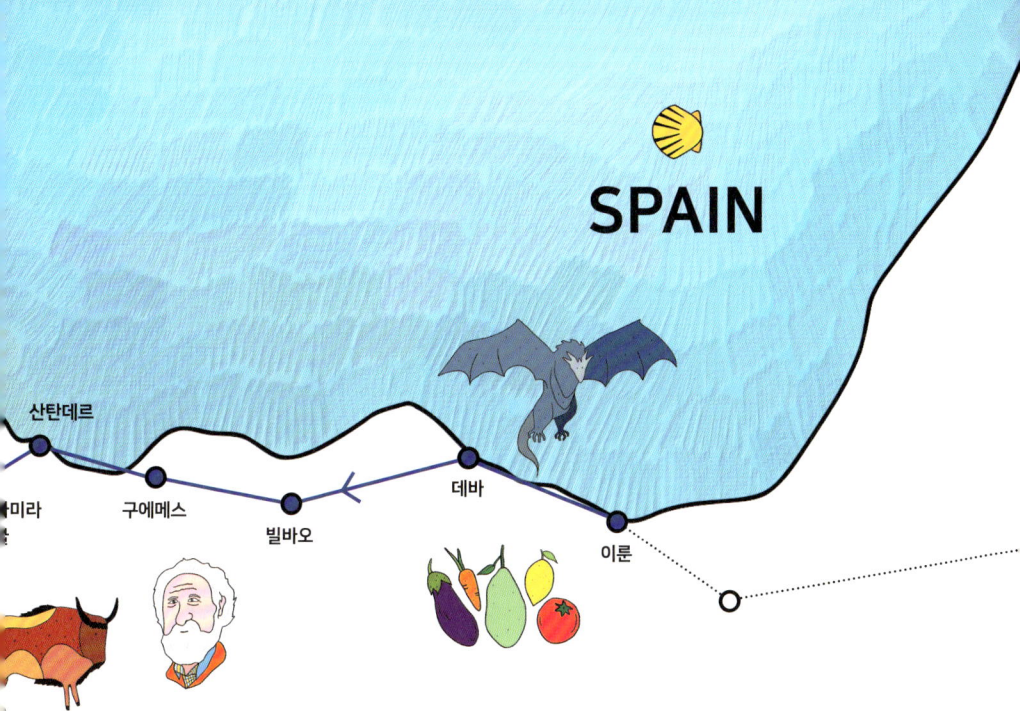

2019년 7월 21일 데바 통과

2019년 7월 23일 빌바오 도착

2019년 7월 26일 구에메스 도착

2019년 7월 28일 알타미라 동굴 도착

2019년 7월 29일 코미야스 통과

2019년 8월 1일 오비에도 도착

2019년 8월 3일 데이비드 호스텔 도착

2019년 8월 8일 멜리데 도착

2019년 8월 9일 산티아고 데 콤포스텔라 도착

2019년 8월 12일 피니스테레 도착

사도행전 2장: 건강한 공동체란?

럭셔리한 오두막집에서 풍요로웠던 저녁만찬 후
야외에서 디저트와 함께 즐겼던 클래식한 캠프파이어.
Diary 19/07/19

사람마다 두려워하는데 사도들로 말미암아 기사와 표적이 많이 나타나니 믿는 사람이 다 함께 있어 모든 물건을 서로 통용하고 또 재산과 소유를 팔아 각 사람의 필요를 따라 나눠 주며 날마다 마음을 같이하여 성전에 모이기를 힘쓰고 집에서 떡을 떼며 기쁨과 순전한 마음으로 음식을 먹고 하나님을 찬미하며 또 온 백성에게 칭송을 받으니 주께서 구원 받는 사람을 날마다 더하게 하시니라 (행 2:43-47)

북쪽길의 문이라고 불리는 이문을 지나 산 세바스티안을 거쳐 이름모를 알베르게에 도착했다. 저녁 8시 가까운 시간이었기에, 다른 선택권 또한 없었다. 이곳 숙소를 소개해 준, 산 세바스티안 공립 알베르게 주인장은 '종교인 공동체이며 숙식을 기부제로 제공해 준다.' 는 정보만을 내게 남겼던 터라, 숲 한가운데에 이렇게 근사한 숙소가 있는 줄은 상상도 못했다.

　　　　어떤 기대를 한들, 이 숙소는 그 기대를 한껏 넘어서는 매력을 지니고 있었다. 화장실과 샤워실 모두 다른 순례자 숙소들에 비해 훌륭했던 건 기본이요. 모든 순례객들과 공동체 사람들과 함께 하는 저녁의 퀄리티 또한 쌍 엄지를 치켜세울 정도였다. 알고 보니 저녁 식사 재료들은 그들이 직접 재배하는 유기농 작물들이었고, 이룬 시내에 공동체 소유의 카페와 레스토랑 또한 가지고 있었다. 100명이 안되는 사람들이 이룬과 산 세바스티안 근처에서 공동체를 이루며 살고 있었다. 게다가 스페인뿐만 아니라 미국을 포함한 세계 여러 곳에 이와 같은 작은 공동체 회원들이 존재했다. 난 공동체 운영자로 섬기는 분 내외와 함께 식사를 하는 자리를 가졌다. 공동체 어르신께서 나의 직업을 묻자, 난 신학을 공부하는 학생임을 밝혔고, 자연스레 사도행전 2장 말씀에 대한 설전이 시작되었다.

　　　　어르신이 먼저 물으셨다.
　　　　"사도행전 2장을 어떻게 해석하십니까? "
　　　　"기록된 말씀 그대로 믿습니다. 선생님께서는 어떻게 해석하시는지요? "
　　　　"우리 공동체를 보십시오. 우리에게 개인적인 소유는 필수적인 것을 제외한 아무것도 없습니다. 함께 같은 공간에서 자고, 일하고 또 함께 먹습니다. 그리고 남은 공간과 음식을 당신과 같은 나그네들과 함께 공유합니다. 같은 마음을 가진 이들이 모인 이곳이 성전이니, 예배당을 따로 만들 필요가 없었고, 주님께서 주신 은혜가 날로 더하니, 지금의 집과, 농장, 레스토랑과 카페 등을 공동소유로 갖게 되었습니다. 이것이 주를 믿는 자, 사도행전 2장에 쓰여진 주님의 말씀을 지키는 자의 삶이 아니겠습니까? 이제 당신의 대답을 듣고 싶군요. 사도행전 2장을 해석해 주시겠습니까?

"네! 저도 비슷하게 생각합니다. 하지만, 사도행전 2장 44절과 45절 앞뒤의 말씀을 살펴 보아야 말씀이 말하고자 하는 것을 정확히 해석할 수 있으리라 생각합니다. 사도행전 2장 38절에서 말합니다. 모든 공동체 생활에 앞서, 그 공동체의 구성원들은 성령님을 통한 회개의 역사가 있어야 함을 강조하고 있습니다. 각각의 사람들은 주 예수 그리스도의 이름으로 공동체의 구성원이 되었다는 표식으로 세례를 받게 될 것이고, 영적 부활을 경험한 자들은 주 예수 그리스도를 통한 죄 사함을 받았음과 성령님의 임재를 고백하며 사는 자들의 모임이 하나님께서 말씀하시는 공동체가 아닐까요? 그리고 사적재산이 꼭 나쁘다고 생각하지는 않습니다. 심지어, 십계명 중 열 번째 계명을 보면, 하나님께서 사적재산을 허가하심이 나옵니다. 사적재산이 허용되지 않는 문화권에서 살았다면, 전 좋은 카메라로 사진 찍는 업을 가지며 살기에 큰 어려움이 있었을 것이라 생각이 됩니다. 그리고 공동체의 생활과 모임이 공적 예배를 온전히 대신하기도 어렵다고 생각합니다. 공적 예배의 은혜는 하나님께서 정하신 은혜의 통로이며, 우리는 공적 예배를 통해 일상의 예배로 확장되어져 가는 구조이기 때문입니다. 공적 예배가 바로 세워지지 않으면 건강한 일상의 예배도 자연스레 무너진다고 생각합니다."

우리들의 논쟁은 창과 방패의 싸움과 같았고, 한동안 계속되었다. 삶의 형식적인 모양이 경건의 삶에 도움을 줄 수는 있지만, 주객이 바뀌게 되면 말씀을 역으로 이용하는 또 하나의 우상을 섬기는 그릇된 공동체로 변할 여지가 너무도 많다. 인간은 약한 존재이기에, 그 누구도 이 가능성에서 빠져나갈 수 없을 것이다.

 카나리아 제도:
화산이 가져온 유익

이것을 너희에게 이르는 것은 너희로 내 안에서 평안을
누리게 하려 함이라 세상에서는 너희가 환난을 당하나
담대하라 내가 세상을 이기었노라 (요 16:33)

7개의 섬 위에 200만 명이 사는 카나리아 제도. 지금은 스페인령으로 되어 있지만, 위도상 유럽보다 아프리카에 가까운 흥미로운 섬들이다. 부끄럽게도, 오늘 만난 그녀가 자기 나라 이야기를 하기 전까지 난 그곳이 어디에 있는지 조차 몰랐다. 자신의 고향에 관심을 갖는 이방인에게, 그녀는 조심스레 일곱 섬의 이야기를 풀어 낸다.

　　그녀의 말에 따르면, 일곱 개의 섬 모두 화산이 만든 섬이다. 그리고 일곱 개의 섬 모두 크지 않은 면적을 가지고 있다. 그중에는 해변이 있는 섬도, 사람이 살 수 없는 무인섬도 있지만, 각각의 섬이 가지고 있는 제한적인 특성들이 각자의 색깔 있는 매력들을 만들었다고 한다. 심지어 일곱 개의 섬들 중에 가장 살고 싶은 섬이 어디냐는 나의 우문에, 그녀는 일정한 기간동안 모든 섬에서 한 번씩 살아 보고 싶다는 현답을. 일곱 개의 섬 중 가장 아름다운 섬이 어디냐는 우문에는 엄마와 아빠 둘 중, 선택하라는 말과 같다며 현답을 이어 나갔다.

　　카나리아 제도는 10여년 전 심해화산이 터져, 섬 주민들의 주업이었던 농업과 어업에 큰 피해를 가져왔다고 한다. 특히 해저화산으로 인해 물고기들의 전례 없는 떼죽음이 일어나, 막대한 경제적 타격에 섬 주민들의 걱정이 컸다고 한다. 하지만, 근시적 시각에서는 어부들이 화산으로 인한 피해를 크게 입었지만, 지금은 어종도 다양해지고, 어획량도 전보다 많아져 어부들이 웃음과 희망을 되찾았다는 말을 전해 들었다. 예기치 못한 어려움은 사람들에게 겸손한 마음을 안겨 주었고, 생각지 못한 깜짝 선물 퍼레이드는 사람들에게 감사의 향연을 쏟아내게 하였다.

　　화산으로 카나리아 사람들은 염전을 얻게 되었다. 게다가 비옥한 땅을 얻음으로 인해 독특한 양식의 포도원이 생기고, 역동적인 자연이 매일 빚는 신비로운 풍경을 통해 전 세계의 수많은 여행자들의 발길을 사로잡았다.

카나리아 제도를 닮은 그녀는, 시멘트로 발린 등산로가 보일 때면, 시멘트길 바깥으로 삐죽삐죽 튀어나온 풀길과 흙길 사이로 헤쳐 나간다. 적절한 표면의 굴곡이 발바닥을 고루 자극하여 근육을 이완시켜 혈액순환을 돕고, 몸의 균형을 잡아주는 유익을 계산하며 걷기보다 발에 알맞은 자극이 주는 기쁨과 평안에 예민하기 때문이다. 논리적인 사고로 길을 선택하여 걷는 것이 아니다. 그녀의 몸이 기억하는 것이다. 자동적으로 고난의 길을 좇아 사는 것이다. 고난을 통해 받는 기쁨과 평안을 경험했기 때문이다.

그리스도인이 되어 어려움이 닥칠 때면 좀처럼 이해되지 않는 일이 태반이다. 게다가 고난이 주는 유익 또한, 온전히 모르기에 불평불만을 갖기 쉽다. 하지만, 주님과 동행하는 시간이 흐르고, 때가 되면 그 고난을 허락하시고 인도해 주신 비밀이 낱낱이 드러나기 시작한다. 그리스도인은 그때서야 참 지혜를 경험하게 되고, 참 감사함을 고백하게 되며, 이전보다 조금 더 성숙한 자가 된다.

이스라엘은 출애굽 후, 홍해 바다를 건너
40년의 광야 생활을 경험했고,
예수님은 요단강에서 세례를 받으시고,
40일 광야에서 시험을 받으셨다.

그리스도인에게는 여러 모양의 시험이 있다. 먼저 우리는 시험을 허락하신 하나님의 의도를 살펴보아야 할 것임이 마땅하다. 시험의 목적은 자신의 실력을 점검하는 시간이다. 자신에게 어떠한 능력도 없음을. 온전히 하나님만이 능력이심을.

지금은 그분을
온전히 이해할 수 없을지라도,

이 길 끝에 있는 나의 모습은
그분의 계획을 더 신뢰하는
지혜로운 자가 되어 있길 빈다.

기독교는 환란의 꽃이다.
환란 가운데, 기쁨과 평안을 누리는 것이
하나님이 주시는 우리 삶의 신비요, 빛이다.

카나리아 제도에서 온 그녀.
그녀에게서 자연과 사람에 대한 존중을 배웠다.
Diary 19/07/20

쑤마미아 시크릿 해변에서 그녀와 함께 바라 본 일몰.
사색하기에 이 보다 더 좋은 장소와 시간이 또 있을까.
Diary 19/07/20

말씀과 기도:
균형 잡힌 삶

복음에는 하나님의 의가 나타나서 믿음으로 믿음에 이르게 하나니 기록된 바 오직 의인은 믿음으로 말미암아 살리라 함과 같으니라 (롬 1:17)

산 세바스챤에서 쑤마이아(Zumaia)까지, 대략 30km 정도 되는 거리지만 산길이라서 그런지 속도가 나질 않는다. 오전 7시 45분 출발, 오후 4시 50분 공립 알베르게에 도착. 어제에 이어 오늘도 자리가 없다. 설상가상 주변 사설 알베르게도 가득 찼다. 쑤마이아는 알베르게 거점지역이 아니라서 숙소 인프라가 크게 형성되어 있지 않았다. 대부분의 순례객들이 오피셜 가이드라인에 따라 헤타리아(Getaria) 또는 데바(Deba)에서 일정을 마무리하기 때문이었다. 감사하게도, 쑤마이아 공립 알베르게에서, 영어가 능통한 스텝을 만나게 되었다. 알고 보니 그는 미국에서 스페인어 교사로 일하는 분이었다. 산티아고 순례길에 빠져든 뒤로, 여름방학마다 아직 가보지 않은 순례길로 떠나거나 이번처럼 알베르게에서 스텝으로 봉사를 한다고 했다.

스텝 말에 따르면, 헤타리아에서 데바 사이에 알베르게는 없고, 데바까지 가는 길은 북쪽길에서 험하기로 유명하고, 저녁 늦게 데바에 도착하더라도 그곳에 있는 모든 알베르게가 만실일거라 으름장을 놓았다. 그의 진실한 눈빛과 확신 가득한 목소리를 마주하니 앞이 캄캄하다.

"그럼, 전 어떻게 해야하죠?"
"음… 아마도 쑤마이아 신부님이 도와 주실거에요. 잠시만 기다려 보세요. 제가 전화 해 볼게요."

한국으로 치면, 동네 마을회관과 같은 곳이 유럽에서는 성당이 아니겠는가. 약속된 시간에 신부님을 만나게 되었고, 그는 곧 성당 부속건물 2층, 안전한 공간으로 나를 안내했다. 기본적인 테이블 그리고 매트리스가 구비 되어 있어, 하룻밤 지내기에는 더할 나위 없는 곳이었다. 게다가 그곳에는 나와 똑같은 상황에 처한 또 한 명의 순례자가 있었다. 그녀는 산티아고 북쪽길을 여러번 다녀본 스페인 사람이었다. 그녀와 대화를 몇차례 주고 받으니, 이야기가 제법 잘 통했다. 그녀의 인도하에, 쑤마이아에 있는 시크릿 비치로 향했다. 이 곳은 기이한 필리시

(Flysch) 지형으로 이루어진 미드, 왕자의 게임 7 촬영지로 현지인뿐만 아니라 관광객들에게는 나름 소문난 명소였다.

그녀가 항상 챙기고 다니는 돗자리 위에 앉아, 그녀의 소울푸드 브로콜리와 당근을 씹어 먹으며 서로의 인생 이야기를 주고 받았다. 그녀는 청소년과 대학생들을 상대로 하는 전문 진로 상담가였다. 그녀가 가장 중요시 하는 것은 '균형(Balance)'을 잡는 삶이었다.

그녀가 말했다.
"좋은 생각이 없는 좋은 행동은 없어. 지식은 기술(표현)이 필요하고 반대로 기술(표현)에는 지식이 필요하지. 급하게 생각하고, 급하게 살게 되면 보통 한쪽에 치우치기 때문에 삶의 평화를 잃기 쉽잖아. 무게 중심이 잘 잡혀야만, 삶에 예기치 않게 닥쳐오는 다양한 희노애락에 유연성을 기를 수 있지 않을까? 그래서 난 내 학생들에게 휴식을 적극적으로 권해. 전체 삶의 균형을 주기적으로 살펴볼 수 있게 인도하고 격려하거든. 지금은 내가 내 삶의 균형을 잡는 시간이야."

난 그녀의 의견에 덧붙여, '건강한 균형'은 '반드시 바른 순서에 한에서 가능하다'라고 강조했다. 처음부터 마지막까지 균형을 잘 유지하기 위해서는 첫 단추가 중요하다. 뿌리가 뿌리인 줄, 열매가 열매인 줄 알아야 가능한 것이다. 뿌리가 있어야 열매를 맺을 수 있고, 땅에 떨어진 열매가 거름이 되어, 더 강한 뿌리를 만들어 준다. 이와 같은 선순환이 일어나기 위해서는 열매를 만드는 작업 이전에 뿌리를 깊숙이 내리는 작업이 필요하다는 것이 나의 사변이었다.

말씀과 기도도 이와 동일한 원리 안에 있다. 말씀이 빛이요. 기도가 빛을 통해 죄를 깨닫고, 자기 부인의 삶으로 들어가는 과정이라는 정의 아래, 말씀이 없는 기도도, 기도가 없는 말씀도 애시당초 생태학적으로 불가능하다. 더 나아가 말씀과 기도로 무장한 자는, 반드시 하나님의 형상을 드러내는 삶을 살 수 밖에 없다 (히 4:12).

아름다운 일몰을 바라보며, 순례길 위에서 말씀이 제대로 뿌리 박힌 삶을 살고 있는지 면밀히 살펴본다. 내 삶의 균형을 잡는 섬세한 조율자가 되어 본다. 난 말씀과 기도 중 어느 쪽에 더 치우치며 살고 있던가.

데바로 가는 길은 해안길의 절경이 일품이다.
다음은 필리시(flysch) 지형의 모습이다. Diary 19/07/21

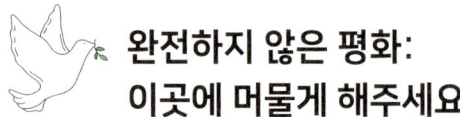
완전하지 않은 평화:
이곳에 머물게 해주세요

그때에 여호수아가 가서 산지와 헤브론과 드빌과 아납과 유다 온 산지와 이스라엘의 온 산지에서 아낙 사람들을 멸절하고 그가 또 그들의 성읍들을 진멸하여 바쳤으므로 이스라엘 자손의 땅에는 아낙 사람들이 하나도 남지 아니하였고 가사와 가드와 아스돗에만 남았더라 이와 같이 여호수아가 여호와께서 모세에게 말씀하신 대로 그 온 땅을 점령하여 이스라엘 지파의 구분에 따라 기업으로 주매 그 땅에 전쟁이 그쳤더라 (수 11:21-23)

몸이 무거운 걸까? 머리가 무거운 걸까? 한껏 게을러지고 싶은 날, 그 날이 바로 오늘이다. 자질 구레한 변명과 함께 하루 더 쉬어갈 수도 있고, 지금 서 있는 이곳에서 순례길을 마무리 할 수도 있다. 주님의 뜻은 어디에 있는걸까? 모르겠다. 정말로. 광야 길에 서 있던 이스라엘 사람들을 묵상해 본다. 구름 기둥 그리고 불 기둥과 함께, 멈추어야 할 때 멈추고, 가야 할 때 가야 했던 이스라엘 사람들. 어떤 날은 너무 피곤해서. "하나님 저희는 여기가 좋습니다. 이곳에 머물게 해 주세요."라며, 하나님 앞에서 하나님이 누구신지 분간 못하는 철부지들 마냥, 생떼를 부리고 싶은 날은 없었을까?

'이제 그만 싸워도 돼' 여호수아 11장의 말씀이 메아리가 되어 내 귀를 후벼 판다. 제한된 평화를 온전한 평화라 생각하고 그곳에 머무르는 여호수아와 같은 오류를 나는 범하고 싶지 않을 뿐이다.

지금은 빌바오를 떠나 바스크 지방을 벗어나는 중이다. 바스크 지방은 구릉들과 산들로 둘러 쌓여 있어 목축업이 발달된 곳이다. 염소, 양, 그리고 소를 흔히 볼 수 있는 이유가 바로 여기에 있다. 지리적으로 고립되었던 탓에 평화로운 시기와 함께 번영을 누려왔었다. 그래서 독특한 지방 언어가 만들어져 갔다. 북쪽 길의 시작을 알린 이룬부터 북쪽길 첫 나흘을 함께했던 땅이었기에 시원섭섭한 기분도 든다.

가나안을 향해 가는 이스라엘 12지파가, 고지를 앞두고 요단강 동편에 머물고자 했던 갓 자손들과 르우벤 자손들이 생각난다. 모세는 그들의 의견에, "장난하니? 너네만 평안하려고? (민 23:6)" 라고 응대한다. 그리고 이스라엘 1세대의 가데스바데아 12명의 정찰병 사건처럼 이스라엘 2세대에도 역사의 악순환이 반복될지 모른다는 불안감이 여실히 드러난다 (민 32:7-15). 그 악순환의 중심에는 자기중심적 사고가 있다. 하나님의 뜻을 온전히 따르지 않았기 때문이다 (민 32:11).

모세가 르우벤과 갓 자손들에게 가장 강조했던 말은, '여호와 앞에서', '무장하고' 라는 말이다. 민수기 32장에서 무려 7번이나 반복되어 사용되었다. 다시 말하면, 여호와의 뜻에 따라 끝까지 싸우는 자세를 취해야 하고, 취했음을 일컫는다. 그리고 요단강 동쪽에 자리 잡은 두 지파의 우선순위는 가축을 위한 우리를 짓는 게 먼저였다. 반대로, 모세에게는 가축 보다 어린아이를 위한 성읍을 건축하는 것이 더 중요했다. 유목민들에게 가축은 곧 돈이다. 물질과 함께 보이는 평안함을 제일 우선시했던 두 지파의 마음이 엿보이는 말씀이다.

산티아고까지 계속 가는 것도, 이곳에 머무는 것도 우리의 심령을 면밀히 살피시는 하나님 앞에서 결정하고 진행해야 한다. 우리의 부족한 머리로는 이해가 잘 되지 않을지라도, 항상 답은 주님 안에 있음을 잊지 말아야 함을 다시금 되새긴다. 어제의 답이 오늘의 답이 될 수 없고, 오늘의 답이 내일의 답이 될 수 없음을 알기에.

산티아고까지 완주의 싸움을 하러 이 곳에 온 것이 아니다. 내 죄와의 싸움에서 승리하기 위해 이 곳에 온 것임을 기억하자. 나의 우선순위는 지금 어디에 있는 것인가? 혹여, 나의 욕심을 채우기 위해, 주님의 이름과 능력을 이용하는 것은 아닌가?

인류의 태고적 옹알이

여호와 하나님이 흙으로 각종 들짐승과 공중의 각종 새를 지으시고 아담이 무엇이라고 부르나 보시려고 그것들을 그에게로 이끌어 가시니 아담이 각 생물을 부르는 것이 곧 그 이름이 되었더라 (창 2:19)

스페인에서 아름답기로 유명한, 중세도시 산티아나 델 마르에 도착 전, 나의 버킷리스트였던 알타미라 동굴을 대면하기 위해 북쪽길 순례길에서 잠시 벗어났다. 무려 기원전 15,000년 즈음에 그려졌을 것으로 추정되는 인류의 최초 예술작품들 중 하나를 감상하기 위해서다.

이미지 언어는 인류의 정신활동이 문자 언어로 정착되기 전까지 정보 전달의 핵심 수단이었다. 중국과 이집트 문명의 상형문자로부터, 각 민족에 문자 언어가 모방되어지고, 흡수되고, 재편성 되기를 반복, 문자 언어의 틀이 잡혀간다. 15세기, 구텐베르크의 인쇄 기술로 인해 문자 언어가 대중화 되기 시작한다. 현 인류에게는 이미지 언어가 문자 언어를 도와주는 비필수적 언어로 인식되기 쉽지만, 이미지 언어는 인류의 원초적 언어이며, 추상적이지만, 깊은 메세지를 단순화 시킬 수 있어 문자언어와는 다른 구조를 가진 언어이다.

알타미라 동굴 벽화는, 일반인들에게 공개된 박물관 속 복제품을 통해 관람했다. 들소, 순록, 야생마 등 그 당시 두려움이자 동시에 소망이었던 야생동물들이 제법 많이 그려진 천장 벽화를 마주한다. 야생동물의 비례미와 벽화 안에 담긴 세세한 부분 묘사를 통해 그들이 얼마나 그림 속 동물들과 가까운 사이였는지 알 수 있었다. 단순하지만, 정확한 표현들을 통해서 말이다. 혹자는 말한다. 재미 삼아 그렸을 것이라고, 혹자는 동굴을 장식하기 위해 그렸을 것이라고, 그리고 피그말리온 효과처럼, 주술적 힘을 믿고, 사냥의 승리와 사냥감들의 번식을 기원하는 목적의 그림이라고 한다. 하지만 그들이 그림을 통해 정확히 무엇을 말하고자 하는지, 그 시대를 살아보지 못한 우리가 정확히 알 리 만무하다. 하지만 그림을 통해 그려진 들소를 비롯한 동물들은 최소한 그들의 삶 속에서 중요한 자리를 차지했던 것 만큼은 분명한 사실이다. 이미지는 언어이다. 우리는 모두 문자보다 그림을 먼저 배웠다. 부모의 얼굴과, 형체를 보며 엄마, 아빠라는 단어를 배웠고 초등학교 저학년까지 그림일기로 일상을 표현했던 시절들을 보냈다. 하지만, 대입 시험이 목적이 되는 학창 시절과, 취업 전선의 묵직한 부담이 만든 사회적 환경은 이미지 언어의 중요성을 경시하는 문화를 만드는데 일조한 바 있다. 게다가 역사적으로, 이미지 언어는 정치권과 규합하여 철폐운동과 옹호운동이 뒤섞인 바람에 이미지 언어에 대한 혼란은 가중되어져 갔던 것이 오늘날 현실이다. 더 나아가, 21세기를 사는 우리는 영상매체와 웹툰 등 무분별한 이미지 언어 세계에 둘러 쌓여 살고 있지만, 이미지의 올바른 이해와 분석의 필요성에 대한 사회적 인식은 아직도 저조하기만 하다. 이미지 언어는 어떻게 이해하고 해석해야 할까? 이미지 언어는 악한 것인가? 선한 것인가?

창세기로 거슬러 올라가면, "하나님이 자기 형상 곧 하나님의 형상대로 사람을 창조하시되 남자와 여자를 창조하시고 (창 1:27)." 하나님은 하나님의 형상대로 우리를 지으셨다. 혹여, 예술 자체가 악한 것이라면, 선하신 창조주 하나님의 본성과 완전히 대치를 이루기에, 논리적으로 예술 자체를 악하다고 볼 수는 없다.

십계명 중, 두 번째 계명은 이미지 언어의 의도와 목적에 대한 경고와 중요성을 강조한다. 더 나아가, 금송아지 사건(출 32)을 통해 이미지와 형상 자체가 반드시 영광의 대상이 아닌 하나님을 알 수 있는 '통로 역할'을 해야 함을 분명히 제시하였다. 의도와 목적이 사람 눈에 선하게 보인다 할지라도, 형상이 하나님을 대체할 때, 하나님의 눈에는 완전한 악 그 자체인 것이다. 목적은 그럴 듯해 보이나, 실상, 하나님이 아닌 자기 자신들을 위해서 이미지나 형상을 만드는 일이 많기 때문이다. 이와 같은 원리는 예배나 기도에도 함께 적용된다. 주님께서 말씀하셨다. "주여 주여 하는 자마다 천국에 들어가는 것이 아니다 (마 7:21)." 다시 말해, 겉모습은 하나님을 부르짖는 기도일지라도, 실상은 자신의 유익을 위한 기도는 하나님의 뜻을 깨달아 순종할 수 없음을 일컫는다.

21세기, 오늘날 하나님을 믿는 그리스도인들과 옛 선인들의 차이는 무엇일까? 기술적 정교함일까? 좀 더 정확한 표현과 다양한 모양의 문학적 위대

함인가? 두려움과 참 소망의 대상을 바로 알게 된 것이 아닐까? 그리고 모든 순간 예배받기 합당한 분이 누군지를 더 선명히 알게 된 사실이 아닐까? 그 사실에 기대어, 자신에게 맞는 언어의 형태로 더 깊이 찬양하는 그 날을 그려 본다.

가우디
그리고
하우스

엘 카프리초 화장실 내부 모습

그 성은 해나 달의 비침이 쓸 데 없으니 이는 하나님의 영광이 비치고 어린 양이 그 등불이 되심이라 만국이 그 빛 가운데로 다니고 땅의 왕들이 자기 영광을 가지고 그리로 들어가리라 낮에 성문들을 도무지 닫지 아니하리니 거기에는 밤이 없음이라 (계 21:23-25)

산티야나 델 마르(Santillana del Mar)를 지나, 코미야스(Comillas)에 도착했다. 코미야스의 시내중심에는 가우디의 흔적이 남아 있다. 가우디가 31살 설계한 집, 엘 카프리초(El Capricho)는 막시모 디아즈 데 퀴하노라는 미국에서 성공한 변호사를 위한 여름 별장이다. 엘 카프리초는 아마추어 음악가인 의뢰자를 위해 설계된 싱글 하우스이다. 크지도 작지도 않은 크기이다. 개인공간을 제외한, 나머지는 사회생활을 염두해두고 만든 공간들이 눈에 띄었다. 아이러니하게, 의뢰자가 갑작스레 세상을 떠나는 바람에, 실제 주인은 살아보지 못한 집이다.

짓궂은 날씨로 애를 먹었던 지역적 특색 때문에, 가우디는 집을 U자 모형으로 만들어 최대한의 빛을 집 안으로 끌어들이려고 계획했다. 바람의 저항을 최소화 하였고, 건물 한 가운데 실내 정원을 두어 그 주위로 생활 공간을 마련해 놓았다. 자연채광을 중앙으로 끌어모아 집 내부는 전체적으로 밝고 깨끗한 느낌이다. 건물 외벽은 해바라기 타일들로 오선줄을 만들어, 매일 집 자체가 새로운 날씨를 연주할 수 있게 설계해 놓았다. 그리고 건물의 바닥재, 천장, 창문 등 건물의 내장재 역시 시각과 촉각, 그리고 청각을 모두 만족시키기 위해 힘썼다. 예를 들어, 창문을 가리고 열게 하는 개폐장치 구조의 지혜에 놀라움을 금치 못했다. 빛을 집안으로 들일 때는 손가락 하나의 힘으로도 쉽게 열리게 설계를 해놓았지만, 반대로 빛을 가리기 위해 닫을 때는 적지 않은 힘이 들어가게 해놓음으로써 최대한 많은 빛과 함께 살기를 원하는 가우디의 마음이 집 속에 녹아 있었다. 또 창문을 열고 닫을 때는 영롱한 종소리가 들리게 하여, 일상생활 안에서 음악을 자연스레 연주 할 수 있게 하여 일상생활 안에 음악을 자연스레 들여놓았다. 마지막으로 화장실에는 검은 새가 피아노 건반을 누르며 연주하고 옆에서 꿀벌이 기타를 치며 협주하고 있다. 시각적인 타일로 온 만물이 함께 기쁨을 누리는 모습을 나타내었다. 한 남자의 니즈를 파악하여, 작은 부분 하나하나도 가우디의 마음과 손길이 닿지 않은 곳이 없었다.

가우디는 한 남자에게 빛을 선물로 주고 싶었던게다. 가우디는 한 남자를 잘 알고 있었고, 그의 필요를 넘치게 채워 주었으며, 빛 속에서 매일 기쁨의 잔치가 일어나는 삶을 살게끔 그를 인도했다.

인간의 제한된 사랑이 만들어낸 집의 모습도, 그 안에 담긴 이야기가 이리 놀라운데, 가우디에게 이런 놀라운 재능을 주신 분이자, 그 원천이신 주님이 우리를 위해 예비해 두신 하늘의 집은 어찌 감히 상상조차 할 수 있겠는가.

북쪽길의 아버지: 해방신학을 만나다

오늘은 라레도에서 구에메스까지 총 29.5km로 평소보다 다소 짧은 구간을 걸었다. 라레도에 머물렀던 성당에서 만난 룸메이트들이 하나같이 입을 모아 구에메스를 꼭 가보라고 했기 때문이다. 그곳에는 특별한 사람이 살고 있다고 한다. 한 명의 사람이 매일 수백 명의 사람들을 작은 마을로 초대하는 힘이 궁금했다. 북쪽길의 영적 거인이라고 불리는 할아버지를 만나러 구에메스로 향했다.

비가 맥없이 쏟아지는 날씨였다. 마땅히 쉴 때도 없어, 부지런히 걸으니 오후 1시 반쯤에 도착을 했다. 짐을 푸니, 그 곳에서 일하는 자원봉사자들을 통해 점심을 대접 받았다. 야채 스프와, 토마토 파스타 그리고 물과 레드 와인이었다. 점심을 먹고 방 배정을 받았다. 전체 100여 명을 넘게 수용할 수 있는 공간이었기에 지금까지 거쳐 온 알베르게 중, 손꼽히는 크기였다.

깔끔한 1층 침대 배정을 받고, 숙소 구석구석을 둘러본다. 메인 건물 1층에는 샤워실과 코인 세탁기, 그리고 건조기, 2층에는 넓직한 도서관이 있었다. 이 모든 공간에 알베르게 주인장의 흔적이 가득 묻어 있었다. 여기저기 더덕더덕 붙어 있는 그의 독특한 여행일지로 보아, 그는 여행을 많이 했던 사람 같았다. 그는 도대체 누구인가?

흰 수염이 수북한 할아버지가 저녁 시간 전 70여 명쯤 되어 보이는 순례자들을 2층 도서관으로 불러 모아, 오후 내내 궁금했던 알베르게의 역사를 설명해 주신다. 그의 이름은 에르네스토, 직업은 목사였다. 그는 두 차례 안식년(7년마다 1년씩 쉬는 해)을 통해 전 세계를 돌아 다녔다고 한다. 첫 번째 여행은 북남미대륙과 아프리카를 주로 다녔고, 두 번째 여행은 중동과 아시아 지역 그리고 유럽 일대를 다니셨단다. 그는 남미에서 해방신학의 영향을 받아, 사회변혁을 지향하였다. 그래서 가능한 스페인 정부로부터의 지원 없이, 알베르게를 거치는 순례자들의 모금과 여름학교 수업비로 구에메스 알베르게를 유지하려는 생각이었는지 모른다. 그에 따르면, 최소한의 알베르게 유지비를 제외한 나머지는 제 3세계에 거주하고 있는 가난한 자들을 돕는다고 말씀하셨다.

에르네스토 목사님이 영향을 받은 해방신학의 출발점은 위르겐 몰트만이 발전시킨 종말신학에서 태어났다. 그전에는 역사신학이라는 대명제가 깔려 있어야 한다. 역사신학은 하나님께서 직접적으로 역사를 통해서 자신의 정체성을 드러냈다는 것이다. 종말신학은 예수의 재림이 이미 현시대에 성취되어졌다고 믿는 신학이다. 그래서 지금 우리가 발 딛고 있는 이 땅에 지상천국을 성취해야 하는 게 그들의 이론이며 믿음이다. 종말신학은 자연스레 이 땅이 그들에게 변화가 되어야 할 대상으로 보기에 개혁이 되어야 하는 소망이 이 땅에서 반드시 이루어져야만 하는 소망신학을 낳았다. 그리고 눈에 보이는 사회의 변화가 목표였던 동기가 정치신학 그리고 해방신학까지 꼬리에 꼬리를 물고 이어 세상에 나타나기 시작한다.

해방신학은 적극적인 사회 구현 운동이다.
가난한 자에게 더 좋은 세상을 보여 주어야 하고,
그들을 돕고, 살려야 할 책임과 의무가 핵심이다.

하지만,
해방신학에는 예수가 없다.
믿음이 없어도 되기 때문이다.
예수 없는 선한 의지를 강조한다.
그들이 말하는 선한 의지란 무엇일까?

해방신학의 직접적 뿌리인 종말신학에서 역사신학을 거슬러 올라가면 '신은 죽었다'라는 사신신학으로 모이게 된다. 다시 말해, 해방신학은 사신신학과 이웃이며, 종교다원주의의 근간이 되기에 우리가 항상 경계해야 할 필요성이 있다.

그리스도인들의 시선은 물질적인 약자에게만 향하라고 성경에서 말씀하지 않는다. 우리의 시선은 물질적으로 부한 자나 가난한 자를 넘어서 갈급한 영을 가진 모든 이들에게 향해 있어야 한다. 그것이 주님의 마음이기 때문이다.

하나님이 없는 이웃 사랑이 가능한가? 이 말에 동의한다면, 본인의 신앙을 다시 한번 살펴보아야 할 것이다. 내 안에 어떤 의가 있다고 생각하는가? 그는 분명 자신이 누구인지 한 번도 보지 못한 자임이 분명하다. 전적 타락(롬 5:12)을 부인하게 되면, 하나님의 은혜가 은혜인지 모를 뿐만 아니라, 누리지 못한다. 구원의 모든 책임을 예수님을 믿기로 선택하고, 선택하지 못한 개인들이 떠안아야 할 것이다.

20대에 봉사활동에 매료되어, 아이슬란드에서까지 업으로 삼게 되었다. NGO는 세상의 유일한 희망인냥 내 모든 걸 쏟아 부었다. 하지만 현실은 보여지는 어떠한 나눔과 사랑도 하나님이 없이는 그 어떤 것도 거짓임을 난 똑똑히 보았고 경험했다. 하나님의 마음이 없이는 결국 모든 나눔의 화살표는 나의 욕심, 이기심을 향해 있었다.

사람의 판단적 기준하에, 자기 눈에 보기 좋은 데로, 선해 보이는 일을 하더라도, 선악과를 먹는 일과 다를 게 없다. 해방 신학에 기반을 두는 나눔과 베품이 아니라, 주님이 주신 마음으로 세상에 모든 이들을 사랑하고 섬기는 사람이 우리 모두가 되길 두 손 모아 기도한다.

도네이션

각각 그 마음에 정한대로 할 것이요 인색함으로나 억지로 하지 말지니 하나님은 즐겨 내는 자를 사랑하시느니라 하나님이 능히 모든 은혜를 너희에게 넘치게 하시나니 이는 너희로 모든 일에 항상 모든 것이 넉넉하여 모든 착한 일을 넘치게 하려 하심이라 (고후 9:7-8)

우연히 알게 된 데이비드 호스텔. 운 좋게 마지막 침대를 얻게 되었다.
특유의 분위기와 고립된 지역적 위치로 자연스레 각자의 아픔과 슬픔을 위로하고
기쁨과 감사함을 나누는 풍요로운 시간을 가졌다. Diary 19/08/03

오랜 여행 중, 한 숙소에 머문다. 숙소비는 도네이션이다. 게다가 저녁, 아침 심지어 점심도 제공한다. 이곳에는 나그네를 위한 모든 편의시설들을 제공해준다. 세탁과 건조는 물론이고 냉장고 안에 있는 다양한 음료를 골라 마실 수 있다. 가격은 정해져 있지 않았다. 모든 것이 도네이션이기 때문이다.

산 위에 단 하나 있는 숙소이기에, 어떤 마켓도, 까페도, 그리고 레스토랑도 없다. 하지만 이 신비한 알베르게는 모든 것을 기부제로 운영한다. 이곳은 프리미티보길 두 번째 숙소였다. 그라다에서 살라스를 지나 1시간 반 정도를 더 걸어가면 만날 수 있는 사설 알베르게(David's hostel)다. 숙소 주인장은 이 집을 지키고 유지하는 것 외에 다른 경제적 활동이 없다. 당신이 그 숙소에 머문 여행자라면 얼만큼의 기부를 할 마음이 있는가? 장기여행자이거나, 휴직이나 실직 또는 학생이라는 이유로 기부제 숙소를 무료 숙소나 공짜 여행으로 왜곡하여 생각하고 행동하지는 않는가?

리스크를 가지고 알베르게를 운영하는 주인장들을 종종 만났다. 자신의 최선을 제공하고 나누지만, 비지니스식 형태의 거래를 지양한다. 그들이 그 자리를 지키고 있는 이유가, 살아남기 위한 이유가 아닌, 생명력 넘치는 삶을 살기 위함일 것이다. 계산기를 두드리며 효율성만을 고집하는 이들과 그들의 영혼은 뿌리가 다름이 분명하다.

80여일, 산티아고 순례길이라는 이름의 길을 걸으며 다양한 형태의 마음들을 들여다보는 기회들을 가졌다. 물론, 도네이션이라는 모양을 빌려 알베르게의 위치적 단점을 가리고 기브앤테이크 개념으로 장사를 하는 분들도 종종 보았다. 전날 다녀갔던 사람의 명수를 1/n 등분 계산하여, 그들이 생각하는 기준에 못 미치는 기부금이 나올 때면 불평하는 숙소 주인들도 보았고, 자기의 마음에 부담이 없는 만큼 남는 공간을 순례객들에게 제공하고, 자기의 체력이나 재정에 문제가 없을 정도의 서비스를 제공하는 주인분들도 종종 만났었다. 그리고 앞서 언급한 데이비드의 알베르게처럼 순례객을 위해 존재하고, 문자 그대로 모든 것을 다 순례객들에게 제공해주는 숙소도 좋지만, 자기 마음 그릇에 합한 만큼 나눔을 하고, 사랑과 배려라는 명목으로 선한 일을 했으면 한다. 하지만, 서비스를 제공했으니 그에 합당한 대가를 내놓으라는 폭력적인 태도를 가진 기부제 운영에 대해서는 내 안에 회의적인 시선이 지배적이다.

비지니스가 나쁘고, 건강하지 않다는 말은 아니다. 우리가 이 땅에서 살기 위해서는 일을 해야만 한다. 하지만, 폭리를 취한다던가, 자기의 개인적인 기준을 모두에게 들이대며 폭군과 같은 갑질의 횡포는 더욱이 사양한다. 자신의 사리사욕을 채우기 위한 구실로 기부제를 남용하는 것을 조심했으면 하는 바램이다.

또 마음을 받은 자가 마음이 강퍅해져 도움이 필요한 이를 외면할 때, 정작 괴로운 건 강퍅해진 마음을 가진 본인임을 기억해야 할 것이다. 기부든, 나눔이든, 하나님으로부터 마음을 받은 만큼 이웃들에게 흘러 보내는 내가 되길.

걸어온 좌표: 살아있는 복음

너희보다 먼저 가시는 너희의 하나님 여호와께서 애굽에서 너희를 위하여 너희 목전에서 모든 일을 행하신 것 같이 이제도 너희를 위하여 싸우실 것이며 광야에서도 너희가 당하였거니와 사람이 자기의 아들을 안는 것 같이 너희의 하나님 여호와께서 너희가 걸어온 길에서 너희를 안으사 이곳까지 이르게 하셨느니라 하나 이 일에 너희가 너희의 하나님 여호와를 믿지 아니하였도다 그는 너희보다 먼저 그 길을 가시며 장막 칠 곳을 찾으시고 밤에는 불로, 낮에는 구름으로 너희가 갈 길을 지시하신 자이시니라 (신 1:30-33)

이탈리아와 프랑스를 건너
스페인에 도착을 하니, 순례자들이 제법 보인다.
길 위에서 만난 사람들이 내게 묻는다.

"부엔 까미노, 어디까지 가세요? "
"가능한 땅끝까지요"

그리고, 햇볕에 오랫동안 그을린
내 팔과 다리를 보곤 다시 묻는다.

"부엔 까미노, 어디에서 출발하셨어요? "
"이탈리아, 로마요"

그리고는 두서없는 질문들이 시작된다.

"무엇이 당신을 이곳에 이끌었나요? "
"당신은 누구인가요? "
"어떤 일을 하고 있나요? "
"순례길 이후의 계획이 어떻게 되나요? "

나의 대답은 다음과 같았다.

"하나님의 이끄심에 순종했습니다."
"저는 미국에서 신학을 공부하고 있는 한국인입니다"
"사진 일을 하고 있습니다."
"북한선교를 준비하기 위해 걷고 있습니다."

그들의 질문에 하나씩 하나씩 대답을 하니, 나의 순례길 루트가 그려졌고, 조금 더 깊은 대화를 한 순례자들과는 내 삶에 남겨진 발자국들을 함께 나누게 되었다. 한 발자국, 한 발자국이 이어지니 굵직한 인생 좌표가 드러난다. 그리고 그려진 좌표 안에서 복음이 선명히 드러남을 발견하게 되었다.

만났던 순례자들 중, 많이 이들이 되물었다.

"그대는 하나님을 왜 믿나요?"
"당신이 믿는 하나님은 어떤 분이신가요?"
"당신이 믿고 있는 하나님을 저도 알고 싶어요."
"제게 그분을 소개 시켜 주세요."

난 이들을 통해 깨닫게 되었다. 복음은 입으로만 전하는 게 아니라, 나의 삶 전부를 통해 전하는 것임을. 그리고 그것이 복음의 진짜 능력을 체험하는 것임을. 나 자신이 복음 안에 살지 못하면, 난 거짓 증인임을.

순례길 위에서 첫 주를 보낼 때, 복음을 증거하는 자로 사는 것에 대한 고민이 연일 이어졌었다. 길 위에서 만나는 순례자들의 삶과 고민들을 들어 주어야만 하는지, 아니면 그들에게 적극적으로 다가가 예수님이 누구신지 소개해야 하는지. 하지만, 놀랍게도 길을 걸으면 걸을수록, 내게 예수님이 누구신지 적극적으로 묻는 이들이 많아졌다. 몇몇은 나의 학창시절 경험을, 어떤 이들은 나의 20대 여행기를, 또 다른 이들은 나의 신학교 생활을 통해 발견한 하나님의 은혜에 좀 더 귀 기울여 주었다.

"전 아무것도 아닙니다.
하지만, 그는 모든 것 되는 분이심을 믿습니다.
전 성경책을 종이책이라고 생각지 않습니다.
하나님의 말씀은 살아있는 능력임을 제 삶을 통해
나타내고 싶습니다.

제가 좋아하는 일만을 하고 싶지 않습니다.
제가 잘하는 일만을 고집하고 싶지도 않습니다.
싫어하는 일도 잘 못하는 일도 괜찮습니다.

주님이 이끄시는 길은, 그 어디든,
그가 함께 하시어 그가 능력을 넘치게
부어주심을 믿기 때문입니다.

제가 오직 염려하는 것은,
하나님이 이끄시는 길에서 빗겨나가,
제 멋대로 살아감으로
하나님이 주시는 참 평안을
누리지 못하는 삶을 사는 것입니다.

본이 되어라

내가 그리스도를
본받는 자가 된 것 같이
너희는 나를 본받는 자가 되라
(고전 11:1)

이제, 산티아고 콤포스텔라까지 100km 남짓 남겨둔 지점을 지나간다. 언덕길을 오르는 중 잠시 숨을 돌리는 내게 질문 하나가 쏘옥 들어온다. "축하드립니다. 산티아고가 이제 눈앞인데, 어떤 마음이 드나요?" 익숙한 목소리였다. 뒤돌아보니, 지난밤 같은 숙소에서 함께 지냈던 포르투갈 아저씨다. 아저씨는 나만한 아들을 둘이나 둔 아버지뻘 순례자였다. 전날 밤 우리 숙소의 멤버 구성은 참 다채로웠다. 4개국의 만남이었는데, 포르투갈에서 온 아저씨는 취미로 철인 3종 경기를 즐겨 하시는 분이셨고, 스페인에서 오신 아저씨는 스페인 (전) 국가대표 마라토너였다. 마지막으로 프랑스에서 오신 할아버지는 프랑스 남부에서 염소를 키우시는 농부이시다. 그는 이미 2000km 가까이 걸어오셨기에 나와 종종 길 위에서 마주쳐 안면이 있는 분이었다.

그들 중, 포르투갈 아저씨를 다시 만난 것이다. 풀코스 마라톤과 철인 3종경기를 준비하기 위해 프리미티보 순례길을 찾아 오셨다고 하셨다. 멘탈과 피지컬의 긴밀한 관계를 찬양하며, 자신이 훈련했던 과정을 내게 설명해 주셨다. 풀 마라톤을 준비하기 위해 5km 런닝부터 10km, 20km로 조금씩 늘리며 결국 풀 마라톤을 부담 없이 완주할 수 있는 체력을 키우게 되었다고 하셨다. 매일매일의 훈련을 게을리하지 않는 게 '몸과 머리가 건강한 사람' 이다는 말씀도 잊지 않으셨다.

나 역시 그와 비슷했다. 첫날 로마에서 출발한 날 나는 17km를 걸었다. 그리고 일주일간, 20km 대를 유지했다. 어느 정도 체력과 속도가 붙자, 30km 에 이어 40km 그리고 나중에는 하루에 어떤 길이든 60km 가까이 거뜬히 걸을 수 있는 체력을 갖게 되었다. 가짜 휴식과 진짜 휴식을 구별할 수 있게 되었고, 돈을 아끼는 것과 지혜롭게 쓰는 것의 유익을 깨닫게 되었다.

포르투갈 아저씨는 내 사진을 여러 장 찍었다. 나와 동년배인 두 아들에게 나를 소개해 주고 싶다고 하셨다. "You are the good exemplar!" 그리고 덧붙여, 지금까지 내가 걸어온 길과 삶이 내가 누구인지를 간접적으로 또는 직접적으로 나타내준다고 했다. 자기 아들들을 포함하여 요즘 젊은이들은 어떻게 하면 돈을 더 많이 벌까? 어떻게 하면 조금 더 편하게 살까? 어떻게 하면 조금 더 안정된 삶을 살까? 만을 고민한단다. 그는 내게 '3000km 가까이 되는 길을 3개월간 꾸준히 걸었다는 사실' 만으로도 아저씨의 아들들에게 건강한 자극이 될 거라 하셨다.

아저씨에게는 길 자체가 살아있는 학교이자 선생님이었다.

포르투갈 아저씨는 오랫동안 한 회사를 다녔다고 하셨다. 한국에서 말하는 전형적인 꼰대 스타일로 '나 때는…' 이러며, 직원들에게 자기의 방법만을 강요하고, 이윤과 효율성만을 좇아 살았다고 하셨다. 하지만, 10년 전 건강을 잃고 반강제적으로 삶을 돌아보는 시간을 가지셨다고 한다. 삶의 쉼표를 통해 그가 알게 된 진짜 세상에서 돈과 명예는 그리 중요치 않았다. 더욱이 목숨을 걸며 달려들 대상은 더더욱 아니었다.

그가 50대가 되고 큰 병을 앓고 나서야 비로서 알게 된 지혜임을 내게 고백하셨다. '진짜 성장은 내적 성장을 기초로 한 외적 성장임을.'

동행의 기쁨:
장기 순례의 은혜

로마에서 리구리아주까지 프렌체스카 길을, 그리고 아름다운 해변들과 들쭉날쭉한 언덕들로 유명한 비아 돌로 코스타, 멧돼지와 종종 마주했던 오렐리아 코스, 아흘에서 시작되는 비아 톨로사나, 그리고 생장과 이룬을 잇는 산악길 GR10, 이룬에서 오비에도까지 연결되는 북쪽길, 그리고 멜리데까지 프리미티보 길, 산티아고까지 프랑스길, 그리고 피니스테라(땅끝마을)까지 길을 걸으며 이번 순례길의 일정을 마무리 하였다.

첫 순례길로 걸었던 생장에서 시작하는 프랑스 길과는 다르게 모험적이었다. 대부분 이탈리아의 알베르게에서는 알베르게 역사 이례 첫 한국인이라며 요란스레 환영을 해준 주인장들도 더러 있었다. 이탈리아와 프랑스의 순례길에서는 대부분 영어보단 현지어를 사용해야 했다. 더구나 순례길임을 표시하는 노란 화살표나, 빨간색과 하얀색으로 이루어진 선들이 절대적으로 부족했다. 왔던 길을 다시 나와 걸었던 적은 부지기수였고, 전체적으로 길이 다듬어지지 않아 옆에서 툭툭 튀어나오는 가시들 때문에 상처도 나기 쉬웠다. 또 신발을 포함한 여행 기어들을 때에 맞추어 갈아 주어야 했다.

순례길 위에서 20-30km 사막 같은 불모지의 길을 지나 식수를 구하는 일도, 현지어로 당일 숙소를 전화 예약하는 것도, 두 갈림길 중, 바른 방향의 길을 선택할 때도, 더 가야 할지, 멈추어야 할지 결정을 해야 할 때도, 순례길 위에서 모든 순간들을 지낼 때, 기도 없이는 아무것도 할 수 있는 게 없었다. 90여 일의 시간 중 50여 일 동안, 길 위에서 난 대부분 혼자였다. 길 위에서 마주치는 순례자도, 알베르게 숙소에서 함께 머무는 순례자도 없었다. 그래서 또 기도해야 했다. 지난 한 달 동안의 순례길과 이번 세 달의 순례길은 같았지만 또 달랐기에.

순례길을 떠나기 전에도 분명히 하나님을 알고 있었고, 믿고 있었지만, 지금 나는 또 다른 깊이의 하나님을 만나게 되었다. 결과는 같았지만, 밀도가 다른 과정의 체험이었다. 하나님과 함께 1시간을 일하고 하루 임금을 받은 구원의 은혜도 놀랍지만, 하나님과 함께 9시간을 일하고 하루 삯을 받은 일꾼의 은혜는 비할 수 없는 값진 은혜인 것이다.

사랑하는 사람과의 여행을 당일치기로 다녀오고 싶은가? 한 달 동안 함께 다녀오고 싶은가? 사랑하는 사람과 1년만 함께 사는 사람과 30년을 함께 사는 사람 중 누가 더 사랑하는 사람에 대해서 많이 알겠는가? 누가 더 행복한 사람이겠는가?

87일, 그와 함께 원 없이 걷고, 먹고 마시며, 사랑을 나누었다. 그는 내가 어디에서 무엇을 하든 나를 떠나지 않고, 온종일 함께하셨다. 그리고 이제 내가 경험한 하나님의 은혜를 하나님의 몸된 자로서 몸된 자들에게 나누는 길 위에 새로 서 있다.

희생 제물

피니스테레 등대 앞 바위 Diary 19/08/12

나를 배우는 시간이었고,
나를 태우는 시간이었다.

하나님을 알게 되는 시간이었고,
하나님께 맡기는 과정이 되었다.

3018km

87일

로마에서 땅끝까지.

존 번연:
일상의 순례

이제 내일 아침이면 시카고행 비행기를 타고, 본연의 신분인 학생으로 돌아간다. 비 오는 아침, 런던에서 기차를 타고 배드포드로 출발했다. 로마에서 땅끝마을(Finisterra)까지 순례길을 돌며, 350여년 전에 씌어진 존 번연(John Bunyan)의 천로역정(The Pilgrim's Progress)이 생각나고 또 생각났기 때문인지라.

변덕쟁이, 율법의 산, 사슬에 묶인 사자, 세상 잘난, 아첨쟁이, 허영, 그리고 믿음, 소망, 전도자, 해석자 등 존 번연이 썼던 모든 인물들을 산티아고 순례길에서 만났다.

존 번연 목사님을 만나기 위해 존 번연 박물관을 찾아갔다. 아담한 사이즈의 박물관이었다. 2층에는 베드포드시 주민이신, 나이가 지긋하신 할머니 한 분이 봉사자로 나와 계셨다. 박물관에 쓰여진 모든 글들을 유심히 그리고 천천히 읽었다. 박물관은 세계 각국어로 번역 편찬된 존 번연 목사님의 저서들과 박물관에서 만든 귀여운 굿즈들이 반길뿐, 특별하거나 새로운 게 없는 익숙한 내용들이었다. 내가 해결 하고자 했던 질문에 대한 답은 찾을 수 없었다. 결국, 3개월 동안 홀로 낑낑댔던 궁금증을 풀기 위해 박물관에 계시는 봉사자분께 여쭈어 보았다.

"혹시, 존 번연 목사님은 산티아고 순례길을 걸었던 경험이 있었나요?"

"네? 아뇨. 제가 알기론 존번연 목사님은 영국 밖을 나간 적이 없는걸로 알고 있어요. 런던과 베드포드를 왔다 갔다 하며 순회 설교를 한 걸로 알고 있습니다. 왜 그게 궁금하셨는지 여쭈어봐도 될까요?"

"다름이 아니라, 제가 방금 순례길을 걷고 왔는데, 존 번연 목사님이 쓴 천로역정의 이야기와 너무 비슷해서, 존 번연 목사님이 산티아고 순례길을 걸었을 것이라 혼자 확신했었거든요. 목사님은 순례길을 걷지도 않았는데, 어떻게 천로역정과 같은 책을 쓸 수 있었을까요?"

"아마도, 존 번연 목사님의 일상 자체가 순례였지 않았을까요?" 그는 어린 나이에 아버지의 생업을 이어받아 땜질하는 수선공으로 일찍이 벌이를 시작했습니다. 그래서 항상 무거운 짐을 등에 짊어지고 다녔어야 했죠. 그가 살았던 엘스토우와 베드포드 사이에는 작은 언덕이 있습니다. 어린 나이에 지기 너무 무거웠던 짐이었기에 조그마한 오르막에도 어린 존 번연은 꽤나 힘들었으리라 생각됩니다. 천로역정의 배경은 그의 일상의 삶이었습니다."

그렇다. 그는 일상에서
매일의 순례를 하고 있었을런지 모른다.

내게 산티아고 순례길은 연습이었다.
일상의 순례를 위한.

또 이르시되 너희는 온 천하에 다니며 만민에게 복음을 전파하라 믿고 세례를 받는 사람은 구원을 얻을 것이요 믿지 않는 사람은 정죄를 받으리라 믿는 자들에게는 이런 표적이 따르리니 곧 그들이 내 이름으로 귀신을 쫓아내며 새 방언을 말하며 뱀을 집어올리며 무슨 독을 마실지라도 해를 받지 아니하며 병든 사람에게 손을 얹은즉 나으리라 하시더라 (막 16:15-18)

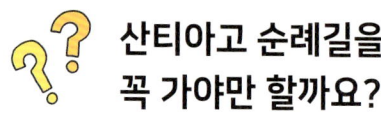
산티아고 순례길을
꼭 가야만 할까요?

　　　　이탈리아, 프랑스, 스페인의 국경을 통과하며 87일 동안 3,018km를 걸었다. 88일째, 포르투의 노천카페에서, 냉커피 한사발을 들이키며 지나왔던 길들을 돌아본다.

　　　　순례길을 다녀온 후, 내게 달라진 건 무엇이었을까? 가장 눈에 띄는 변화로는 10kg의 체중감량이었다. 목 늘어난 티셔츠와 헐렁헐렁해진 바지, 꼬질꼬질 땀 냄새가 밴 배낭, 금방이라도 구멍이 날 것 같은 얇아진 양말들, 두 켤레의 밑창 나간 등산화, 그리고 가벼워진 지갑도 한몫을 했을 테다. 내 두 발엔 수많은 물집의 흔적들에 이어 선명하게 그을려 타버린 팔과 다리는 덤으로 내 몸에 새겨진 훈장이 되었다.

　　　　순례길의 끝머리에서 난 유명 인사가 되어 있었다. 나를 알아보고, 사진을 찍고 싶어 하는 이들이 생겼으니 말이나. 로마의 권, 이것이 나의 새 이름이 되어 있었기 때문인지라.

　　　　이제 순례길 위의 여정 중 마지막 해가 져가고 있다. 순례길이 내게 보여주고 경험케 해준 수업은 무엇이었던가? 우선, 불가능을 가능케 하신 하나님의 은혜를 직접적으로 맛보았다. 통상 로마에서 산티아고 순례길은, 여러 순례길을 이어서 만들어 낸 길이라 극히 소수의 사람이 시작하고 또 완주한다. 보통 선택한 길에 따라 2800~3000km 내외의 장거리이기에 120여 일의 여정이 필요하다. 하지만, 하나님의 은혜로 큰 사고없이 건강하게 87일 오직 도보로 로마에서 피니스테라까지 완주하였다.

완주라는 단어가 좀 어색하게 느껴지긴 하지만, 로마에서 첫발을 내딛을 때, 폭우와 장마가 일주일여 함께 했기에 산티아고까지 가는 건 늘 꿈이라 생각했다. 3,000km를 88일로 나누면, 하루 평균 34km를 걸어야 한다. 게다가 중간중간 휴식을 위해 쉬는 날을 제외하면 하루 평균 37km 이상을 걸어야 하는 계산이 나온다. 중간에 혹여 다리라도 다칠라, 겁부터 났었다. 이제는 20살이 아닌, 기초대사량이 가파르게 감소하는 30대 중반을 바라보는 나이였고, 게다가 운동과 담을 쌓은 지 수년째, 불룩한 배를 부여잡고, 숨을 헉헉대며 시작했기에 중간에 포기하지 않은 것만으로도 큰 감사의 제목이었다.

대도시를 지날 때에는, 충분한 휴식 공간의 확보를 위해, 제법 괜찮은 가성비 좋은 호텔을 이용했다. 내 정신과 몸을 위한 투자의 개념으로 생각했기 때문이다. 빨래 널듯, 푹신푹신한 매트리스에 내 몸을 맡긴 채, 빵빵한 에어컨 아래, 긴- 잠을 잘 수 있고, 모든 소음에 방해받지 않는 사적 공간의 필요성을 충족시켜주기 위함이었다. 또 공식적인? 밥시간이 되면 하루 세끼 영양소를 섭취했던 건 두말할 필요도 없었다. 게다가 먹을 수 있는 공간을 마주할 때나 먹을 수 있을 때도 미리 에너지를 채우기 위해 노력했다(특히, 오렐리아 구간과 GR 10구간에서 식수와 음식물 공급이 힘들었다).

이탈리아어는 언감생심. 불어는 귀동냥. 스페인어는 어버버. 모든 언어적 장벽을 넘어서 비박 없이 포근한 침실에서 잠을 깊이 잤다. 잘못된 정보와 만실 등으로, 숙소에서 숙소를 찾아, 도시에 도시를 넘어 어슬렁거렸던 적도 종종 있었지만, 감사하게 하룻밤 머리 둘 곳을 못 찾은 적은 없었다(하지만, 숲길에서 길을 잃어, 밤 10시가 넘어 피로 얼룩진 두 다리와 함께 알베르게를 찾아온 순례객들도 있었으니 반드시 주의해야 한다).

　　　　모든 면에서 준비되지 않은 자의 도전이었다. 하지만, 부족한 자를 들어 쓰시는 하나님께서는 하나님의 방법으로, 천천히 그리고 계속 날 준비시키시고 또 훈련시키셨다. 내가 할 수 있을까? 하나님께서 할 수 있을까? 하나님께서 정말 할 수 있을까? 질문들의 연속이었다.

　　　　87일을 걷고 난 제법 튼튼한 다리를 선물 받았다. 그리고 제법 단단해진 믿음 또한 함께 받았다. 내 안에, 어디 잘난 구석을 발견했기에 하나님과 좋은 관계를 유지하고 있는 게 아니었다. 내가 죄인 중의 죄인임을 더 깊이 들여다볼 수 있게 되었기 때문이었고, 동시에 하나님이 하나님 됨을 더 면밀히 경험할 수 있었기 때문이었다.

　　　　주님의 은혜로 거듭난 자의 성화에 있어서 순례길이 절대적 도구다는 말은 아니다. 물리적 순례길을 모세의 율법으로, 영적인 순례길을 예수님의 새 율법이라 본다면, 산티아고 순례길은 신앙인에게 하나님을 만나는 초등교사의 역할을 선명히 할 수 있다고 믿는다. 공부의 습관이 덜 길들여진 사람이거나, 선천적으로 집중력 부재의 결핍 요소를 가진 사람들에게 공간의 장소는 선택적인 요소가 아니라 필수 불가결 요소이다. 본 책의 기록된 순례길을 걸은 필자는 공간이 주는 특별함을 필요로 하는 어린아이 같은 자였음을 고백한다.

　　　　물론 앞서 언급한 존 번연 목사님처럼 일상에서 저자가 경험한 순례길의 모든 에피소드들을 경험할 수 있다고 본다. 직언하면, 순례길을 꼭 실질적으로 걸어야만 말씀을 직접적으로 경험한다는 뜻은 아니다. 순례길은 순례길 그 이상도 그 이하도 아니다. 말씀과 기도에 더 집중할 수 있게 도와주는 보조 선생님의 역할을 할 뿐이다. 본 책의 본문에서도 줄곧 이야기했듯이 길을 잘 걷는 사람들의 특징은 기본 원리에 기초하여 자기만의 방고식과 방법으로 녹여낸 독창적인 길을 창조하며 걷는다. 그것이 물리적인 길이 될 수도, 그리고 보이지 않는 길이 될 수도 있는 것이다. 다시 말해, 청지기적 사명을 가진 나그네의 모든 길이 다 순례길이 될 수 있다. 그럼에도 불구하고 누군가가 내게 순례길을 다시 걷고 싶은가? 라고 질문한다면, 내 대답은 '잘 모르겠다' 이다. 하지만, 질문을 바꿔, 여행길에 다시 오르고 싶은가? 라고 묻는다면, 대답은 '예스'이다. 내 일상의 삶을 더 맛깔나게 여행하기 위해서는 익숙한 물리적 공간에서의 떠남이 주는 긍정적인 영향은 참으로 크기 때문이다. 신약을 믿는다고 구약을 버리는 건 바보 같은 행위다. 때때로 우리는 예수님을 잘 따라 갈 수 있게 훈련시켜 주는 보조 선생님이 필요하다고 생각한다. 산티아고 순례길은 내게 한 명의 선생님이었다. 예수님을 더 잘 따라 갈 수 있게 훈련해 주는 그런 존재로서 말이다.

종종 사람들이 묻는다. 순례길 뒤에 달라진 게 있냐고. 순례길 전에도 그리고 후에도 난 여전히 내 진로에 대해 고민한다. 선교사가 될 수 있을까? 북한에 갈 수 있을까? 무엇보다 본이 되는 크리스천이 될 수 있을까?

순례길을 걸으며 더 확신하게 되었다.

나는 선교사를 할 재목이 아니다.
나는 북한에서 살 수 있는 사랑도 없다.
나는 크리스천이 될 만한 어떠한 자격도, 조건도
가지고 있지 않다.

하지만,

그가 부르시고 이끄신다면
그 어디든 못 갈 테며.
그 무엇이든 못할쏘냐.
하나님이 하나님이심을 믿기에.

이제는
내가 그 어디에 있든,
내가 서 있는 이곳이
바로 북한이고, 땅끝 마을이다.

그리고
내가 무엇을 하든,
지금 하는 내 일이
선교사로서의 역할이 될 것이다.

출발지 | 요한복음 12:3 (값비싼 향유)
| 요한복음 12:12 (예수님께서 왕으로 예루살렘에 입성)

| **십자가의 길**
| **부활 그리고**
| **새로운 사랑**

목적지 | 요한복음 21:15-25 (에필로그)

말씀 찾아보기

공관복음

- 판단: 구약과 신약 사이 (마태복음 7:1-3) / 190
- 잃은 양을 찾다 (마태복음 18:12-14) / 70
- 동행의 기쁨:장기 순례의 은혜 (마태복음 20:1-16) / 258
- 존번연: 일상의 순례 (마가복음 16:15-18) / 263
- 좁은 문 (마가복음 7:13-14) / 96
- 선한 사마리아인 (누가복음 10:30-37) / 116
- 증인된 자의 삶 (누가복음 24:44-48) / 56

요한복음

- 르네상스, 사람의 영광 (요한복음 5:43-44) / 76
- 오병이어 (요한복음 6:9-11) / 186
- 표적 (요한복음 6:26-27) / 134
- 새로운 무드가 생기다 (요한복음 8:32) / 168
- 폴 세잔: 눈을 뜨다 (요한복음 9:5-7) / 146
- 고흐: 그림에 생명을 불어넣다 (요한복음 11:25-26) / 154
- 카나리아 제도:화산이 가져온 유익 (요한복음 16:33) / 210

역사서 및 서신서

- 나봇의 포도원 (열왕기상 21:2-3) / 62
- 사도행전 2장: 건강한 공동체란 (사도행전 2:43-47) / 204
- 본이 되어라 (고린도전서 11:1) / 254
- 도네이션 (고린도후서 9:7-8) / 244
- 내가 자랑할것은 단 하나 (갈라디아서 6:14-18) / 148
- 도시와 마을의 역할 (에베소서 4:11-13) / 180
- 비움의 정석 (빌립보서 4:11-13) / 162
- 제자 양육 (디모데후서 1:7-8) / 110
- 인내 (야고보서 1:2-4) / 138

로마에서 산티아고
3,018km 순례길

세상에서
땅끝으로

2021년 8월 5일 초판 1쇄 인쇄
2021년 8월 12일 초판 1쇄 발행

글	정양권
사 진	정양권
그 림	정양권
책 임 편 집	오성택
기 획 멘 토	김병규(남부개혁교회)
마 케 팅 멘 토	황희상(흑곰북스)
디 자 인 멘 토	나동훈(디자인집)
인 쇄	제작(서울시 강북구 도봉로 31길 14)
펴 낸 곳	광주시 서구 염화로 57번길 4
출 판 등 록	2021년 6월 11일
전 자 우 편	ymjean7@naver.com

저자와 협의하여 인지는 생략합니다.

이 책을 무단으로 전재하거나 복제할 경우 저작권법에 따라 처벌을 받게 됩니다.